はじめに

こんにちは。ねこ生活アドバイザーのかばきみなこです。

今回、初めてご縁ができた方、以前から本やホームページを通じてご縁のあった方、この本を手に取っていただき、ありがとうございます。

さて、あなたは今、ねこと暮らしていますか？

この本を手に取っていただいたということは、「もちろん！」という人が多いと思います。

ねこを愛する人にとって、ねことの暮らしは何ものにもかえられない大切な日々ですよね。かくいう私も、ねことの暮らし歴約40年。現在は8匹のねこ達との暮らしを満喫しています。

そして、この幸せなねことの暮らしを失いたくない、といつも心に思っています。

ですので、ねこに関する楽しいお話や、幸せな暮らしのお話ばかりができたらよいのですが、現実はなかなかそうもいきません。

残念ながら、日々の生活では予想もしていなかったことが起きてしまうのです。

たとえば、今年は東日本大震災から13年。

その間にも、熊本での地震や九州地方や関東地方を襲った豪雨、新型コロナウイルス感染症、そして今年元日の能登半島地震など、多くの災害、非常事態が私たちの暮らしをおびやかしています。

この先も、首都直下地震や南海トラフ地震をはじめ、大型台風による水害や新たな感染症なども懸念されており、心配は増えるばかりです。

もし、本当にそれらのことが自分と、一緒に暮らすねこに降りかかってきたら。

そう考えると、怖くなってしまうのではないでしょうか。

しかもねこ達を守る上で、私たちには大きな落とし穴が待ち構えています。

その代表的なものが「**避難**」です。

いざというときは避難所に逃げればよい、と誰しも考えがちですが、現実は違います。

かくいう私も、以前は、「非常時や災害時には、まず避難所へ」と考えていましたが、調べてみてびっくり。

詳しくは第1章でお伝えしますが、頼れると思っていたものが実は頼れない。

残念ながら、そういったことが現実には多くあるのです。


ねこは防災準備をすることはできません。

あなたのねこが頼れるのはあなただけ。

私たちはねこ達にとって親のような存在です。

怖がってばかりいるわけにはいきませんし、「大丈夫だろう」でも済まされませんよね。


信頼に応えるためにも、しっかり準備すること。

そうしてはじめて、ねこと一緒に安心して暮らせるし、大切なねこ達を守っていける。

私たちはそんな厳しい時代に生きているのです。


でも、安心してください。この本を手に取っていただいたあなたは大丈夫です。

よくある防災への勘違いが解消され、「こんなはずではなかった」がなくなります。

とっつきにくかった防災の準備も、スッキリとわかります。

そしてあなたの不安は解消され、

「自分のねこは、自分で守れる。ねこと一緒に非常時も乗り越えていける」

という安心感が生まれてくることでしょう。

予測することもできず避けることもできない不安が、
日常になってしまった私たちの時代。
ねこと暮らす多くの人が、いつでもどんなときでも、
慌てたり大きな不安に負けないように。
そして、ねこと一緒に穏やかに幸せに、
喜びに満ちて暮らせるように。

この本がその一助となれば、嬉しく思います。

目次

第３章
「水道が止まった！」でも大丈夫！

第４章
「電気が止まった！」でも大丈夫！

第5章
「ガスが止まった！」でも大丈夫！

第6章
避難生活の質は、「食事の質」で決まる

第7章 備えておきたい薬や衛生品

第8章 備えて安心、長期の避難生活

第1章

どこにも逃げない。
腹を決めれば
「安心」が見えてくる

もし家が無事なら逃げなくていい、外に避難しなくていい

この章では、本書が提唱する「在宅ひにゃん」（ねこと一緒にする在宅避難）のメリットについてお伝えします。

まず申し上げたいのは、被災したからといって、どんな場合でも必ず理想的な避難ができるとは限らないということです。

もしお家が安全なら、慌てて逃げたりしなくていいと考えます。

ただ、ここで誤解のないように言いますと、避難できないからしかたなく家にいよう、ということではありません。

むしろその逆です。**積極的に、家にとどまっていたほうがよい理由がある**のです。

その理由とは、ほかならぬ「ねこ」のため。

家にいることこそが、ねこにとって最も心身ともに負担が少なく、体も健康を保てるからなのです。

もし仮に、避難所に十分な空きがあり、ねこと一緒に避難できて、しかも同じ場所で一緒に過ごせるとしましょう（現実にはそのようなところはほとんどありませんので、あくまで仮の話です）。

その時、**ねこの気持ち**はどのようなものでしょうか？

ねこは自分のなわばりを持ち、その中で安心して暮らしています。

だから、避難所に行くまでも一苦労です。ねこは非常時にはいち早く異変を察知し、安全な場所に隠れようとするでしょう。こちらが焦れば焦るほど、手の届きにくい場所に逃げて隠れてしまう可能性が大きいです。

だから、むりやりねこを引っぱり出して、嫌がるのを強引にキャリーに入れることになってしまいます。この時点ですでに、ねこは相当なストレスを感じています。

加えて、移動もねこにとってストレスです。

ねこは自分のなわばりをつくり、その中で安心する動物。

意に反して、どこともわからぬところに連れて行かれるのは、不安でしかありません。

避難所につくと、ねこのストレスはさらに高まります。

避難所のほとんどは、同室避難ができません。ねこと人は別々のエリアに分けられ、別の場所に移されることになります。

頼れるあなたと引き離され、見ず知らずのねこや犬が集まる場所に、です。

動物病院のような頑丈なケージが用意されているわけでもありません。キャリーケースを並べたり、積み上げて置かれることがほとんどです。みんな不安からくるストレスで吠えたり、鳴き続けたり。そんな子達が、密集して隣り合わせで置かれるのです。

その場所についても、かろうじて雨風をしのげるテントの下など、半野外であることも十分ありえます。

運よく、廊下の隅など室内の一部がペットエリアだったとしても、空調設備などもありません。夏なら高温、冬なら低温、あるいは朝晩の寒暖差が、さらなるストレスとして加わります。

環境の変化に敏感なねこにとって、こうした過酷な状況は、体調不良の原因になってしまうでしょう。

特に高齢期に差し掛かっていたり、持病があると、免疫力の低下から体調も崩しやすくなってしまいます。

でも心配だからといって、あなたがキャリーのそばにずっといるわけにもいきません。

避難所のルールに従って、制限がある中でねこを見守ることしかできないのです。

家を出て避難所に行くとき、これがあなたの大事なねこに起こることなのです。

自宅での避難が、ねこにとっても安全で、快適で、安心できる場所だということが、改めて実感できるのではないでしょうか。

ねこにとって家は、人間のそれとは比較にならないくらい、安全で安心できる場所なのです。

災害時は、ねこのためにもできるだけ在宅ひにゃん。ねこと一緒にステイホーム。

それがねことの防災の、合言葉です。

人にとっても、避難所は大きなストレス

ねこにとって、避難所がストレスであることを見てきました。

もちろん、ねこだけではありません。それは**あなたにとっても、大きなストレス**です。


避難所のストレスは、精神的にも、肉体的にも大きいものです。

今まで経験したことのない不安や心配、時には恐怖も感じることだってあるでしょう。

これもまた、在宅ひにゃんをおすすめする理由です。


非常時は、不安や心配事を、自分だけでなく他の人も抱えています。

そんな中、慣れない避難所で、不特定多数の人と関わりつつ、生活していかなければいけません。

プライバシーがほとんどないことも、不安に拍車をかけます。広い空間を大人数でシェ

アするのですから、無理もありません。

最近ではダンボールを使った個室風の仕切りやベッドなど、少しでも快適に生活できるよう工夫もされはじめているようです。しかし、それで十分かどうかは別として、そうした配慮がなされていない避難所も、まだまだ多いのが実情でしょう。

精神的なものだけでなく、肉体的なストレスも見逃せません。

ニュースなどで報道される避難所の様子は、夏暑く冬寒い、エアコンの設備もない学校の体育館などが大半です。体調不良者が日に日に増えていく、そんなイメージがありますが、残念ながらそれは事実です。

隔離された別の場所で一日中過ごさなければいけないのは、ねこも人も同じ。

自分自身の健康を維持するためにも、できるだけストレスが少ない避難方法を選びたいものですね。

ねこだけでなく、人にとっても大きなストレスになる避難所生活。**自宅の安全が担保されたなら、移動はしない**と腹を決めましょう。

そして在宅ひにゃんで、ストレスの少ない生活を選んでいきましょう。

避難したくても、そもそもできない!?

積極的に家にとどまったほうがいい理由は、ストレスだけではありません。逃げたくとも、そもそも逃げる場所がない、という理由もあります。というのも、キャパシティが足りないからです。

例えば東京都では、人口約１４１０万人に対し、避難所の収容人数はたったの３２０万人。実に約77%もの人が避難できない計算です。ねこと暮らしているかどうか以前に、そもそも数が足りません。

その上ペット連れとなると、さらに狭き門になることは想像に難くないでしょう。たとえば、甚大な被害をもたらした２０２４年1月の能登半島地震。ペットの受け入れ可能な避難所はごくわずかでした。ペットの受け入れが不可のため、やむなく車中泊した被災者の方もいたとのこと。

国としては環境省が自治体に対応を求めているものの、ペットの受け入れについて具体的な方針がない。そんな自治体も少なくありません。


仮に避難所がペットとの避難を許可していたとしても、不安は残ります。

なぜならほとんどの避難所では、ペットとの同室は不可だからです。ペットは別の場所、多くの場合は屋外での避難になるのが普通。たとえそれが真夏や真冬でもです。


ペットと一緒に同じ室内で安全過ごせる避難のことを「**同室避難**」といいますが、それができる避難所は残念ながらごく少数。一緒に過ごせて温度も管理され、衛生面でも安心できる。そんな避難所は残念ながら、ほとんどないのが実情です。

よく似た言葉に「**同伴避難**」という言葉がありますが、こちらは必ずしも同室で過ごせるわけではありません。多くの場合別々になりますし、ねこが屋外になってしまうことも珍しくありません。

同じくよく似た「**同行避難**」に至っては、「ペットと共に安全な場所まで避難する行為」を指しているだけで、その後の扱いについては何も言っていないのです。

私も8匹のねこと暮らしていますから、なんとか安心したいと思い、さまざまな情報を調べました。本を読み、セミナーに参加し、ネットの情報も収集しました。

しかし実情を知れば知るほど、残念ながら避難所での避難はできない。むしろ避けるべきだと考えるようになったのです。

避難所は頼れない。たとえ電気やガスが止まっても、水道が止まっても頼れない。

それでもねこと自分を守るにはどうするか。

「在宅避難」です。

自宅の倒壊や自然災害などの危険がなく、住めるのであれば家に残る。そのときに備えて、必要なものをあらかじめ準備する。

そうすれば安全も確保でき、不安に振り回されることもなくなります。それはねこの健康と、心の安定にもつながります。

ただ、私たちの在宅避難はねこと一緒ですから、普通とはちょっと違う面があります。ねこの健康のための工夫や、ねこの心の安定のための配慮なども必要です。
ねこ達が必要とするケアを、滞りなく提供してあげるために。
私たちも、できるだけストレスなく過ごせるように。
ねこと暮らすなら、避難所を頼る気持ちをいったん脇におきましょう。
そして、

「自分のねこは自分で守る」

と心に決めましょう。
それが、在宅ひにゃんの第一歩です。

8匹のねこと暮らす私が「安心」できている理由とは？

避難所が頼れないこと、家にとどまることが現実的な選択肢であることをお伝えしました。

とはいえ、「本当に災害時に家にいて大丈夫？」「ちゃんと生活できるのかしら？」と不安になりますよね。

その気持ちわかります。でも、大丈夫です。

もちろん、**住んでいる家に倒壊や浸水の心配がないことは前提**です。

その上で、実際に災害時に困るのは、電気・ガス・水道などの生活に必要なライフラインが止まってしまうこと。逆にいえば、これらの代替さえ準備してあれば、大丈夫ということです。

事前に準備し、その使いかたに慣れてさえいれば、大きな不便もなく、生活を送ることができます。

私も防災に関して、たくさんの不安を抱えて過ごしていました。でもこの考え方で実際に準備をし、行動に移したことで安心感が生まれました。8匹のねこと一緒に、災害を乗り切れる自信がついてきたのです。

なにも避難所に行くことだけが、避難ではありません。

たとえライフラインが止まっても、必ずしも逃げることを考えなくてよいのです。

自宅にとどまることも、立派な避難。

なにより、**なわばりの動物であるねこにとって、わが家は最も安心な避難場所**なのですから。

とはいえ、何の準備もしていなければ在宅避難は不便が残り、安心もできません。

そこでこの本では、考え方や具体的な方法をお伝えしていきます。

たとえ数日間でも自力で生活できると知るだけで、気持ちが落ち着き、安心感が生まれてきます。

いざというときでも、ねこも自分も大丈夫。そう思える安心感はとても大きいのです。

多頭生活。3匹以上になったら持ちきれない

今の日本では、10世帯に1世帯がねこと暮らしています。

平均飼育頭数は約1・75ですので、多くの家庭で複数のねこがいることになります。たしかにSNSなどを見ていても、何頭ものの画像をアップしている人も多いですね。多頭生活をしている人が多いことがよくわかります。

多くのねこと一緒に暮らすのは素晴らしいもの。私も8匹のねこと暮らしているのでその良さはよくわかりますし、多頭生活をおすすめしてもいます。

ただ、こと「避難所への避難」に関していえば、ハードルが上がってしまうことは、知っておかなければいけません。

わかりやすいのが、移動です。

仮に3匹を連れて避難することを考えると、ねこが1匹あたり5キロとしたら、3匹で15キロ。

ねこの重さもさることながら、避難時は、ねこだけを連れて移動すればいいわけではありません。キャットフードやねこ砂などのトイレ用品は避難所には用意されていませんから、持参が原則です。そこに自分や家族が必要な荷物も合わせたら、重さは20キロ以上になる可能性があります。

ちなみにわが家では、ねこ8匹で軽く40キロ以上になります。8匹分のねこ砂やキャットフードを加えると、50キロは超えるでしょう。もちろん私1人で連れて逃げることはできませんし、夫と2人で手分けしても、相当な重量です。

路面の状態が悪かったり、渋滞する可能性もありますから、徒歩でそれらを抱えて逃げなければいけないこともあるでしょう。

もしそうなれば、避難所に着く前に、心も身体も辛くなってしまいます。女性や高齢者にはどう考えても無理な状況です。

もともと困難な避難所への避難ですが、ねこと多頭生活をしていればさらに難しくなる

ことが、現実味をもってイメージできたのではないでしょうか。

だから、複数のねこと暮らしている家庭はなおさら、在宅ひにゃんが第一の選択肢になります。

「ねこを置いては、どこにも逃げない」と腹を決めましょう。

その考え方が、防災への意識を高め、避難の準備をする大きな後押しになってくれることでしょう。

それでも避難しなきゃいけないときの、判断基準とは？

ねこを置いてはどこにも逃げない、という考え方についてお伝えしました。

ただ、ことは命にかかわる問題です。

そして、災害に「絶対」はありません。それは予想もしないときに起こり、状況は刻一刻と変わっていきます。

だから「例外」についても、ちゃんと押さえておきましょう。

自宅の安全が確認されているうちは在宅ひにゃんがベストですが、もしその安全が担保されない状況になったら、ねこを連れて逃げるほかはありません。

では、その判断基準とは何か？ということですが、基本は国や自治体が発表する情報です。

こうした情報にはさまざまな種類があり、ややこしくなりがちですから、主なものを押さえておきましょう。

最初に押さえておきたいのは、５段階の「**警戒レベル**」です。

わかりやすいように危険度を数字で示したもので、次にお伝えする「防災気象情報」や「避難情報」などと一緒に発表されます。危険度は警戒レベル１が最も低く、警戒レベル５が最も高いことになります。

どの段階で避難を検討すべきなのか？ということですが、高齢者や障がいのある方は警戒レベル３、それ以外の方も警戒レベル４までには必ず避難すべき、となっています。

もし情報が多すぎてわかりにくいと感じるなら、この警戒レベルだけでも覚えておきましょう。

もっと詳しい情報が知りたくなったら、次は気象庁が発表する「**防災気象情報**」をチェックすることになるでしょう。

大雨や台風などによって氾濫や土砂災害が発生しそうなときに出されるもので、「注意報」「警報」「特別警報」などがあります。

同じ「警報」でも警戒レベルが3のものもあれば、警戒レベル4のものもありますので、混乱しないようにしたいもの。種類はいろいろありますが、先の警戒レベルと対応していますので、判断基準は同じです。「要するに、警戒レベルでいくつなのか？」で判断していきましょう。

さらなる情報としては、市町村などの自治体から発表される**「避難情報」**もあります。こちらも3段階に分かれています。「高齢者等避難」「避難指示」「緊急安全確保」の3つです。

「高齢者等避難」は警戒レベル3。文字通り高齢者の方に避難を呼びかけるものです。避難に時間がかかるであろう高齢者や幼い子ども、障がいのある方は避難を開始することが推奨されています。

「避難指示」は警戒レベル4。被害が発生する可能性が高まったときに出されますので、避難を開始するようにしましょう。

そして、「緊急安全確保」が出されたとき。そのときは、災害の危険が非常に高いか、すでに一部で起こってしまっているということです。直ちにより安全な場所に移動する必要があるでしょう。

この避難情報も知っておけば、さらに判断の精度が上がりますから、安心感も高まりますね。

ちなみに２０２１年の５月に法律の改正があり、内容が大きく変わりました。従来あった避難勧告はなくなっています。

このように、いろいろな種類がある防災情報。

先にもお伝えしましたが、災害に絶対はないので、できるだけ多くの情報をとりながら検討していくことになります。

決して逃げ遅れるようなことがあってはいけませんから、警戒レベルが低くとも、すぐに避難したほうがよい場合もあるでしょう。

逆に、地域の事情によっては、あえて在宅で避難を続けたほうがよい、というケースもあるはずです。特に都市部では避難所のキャパシティにも限界がありますから、ケースバイケース。早いほうがいいとは言い切れません。

日頃からアンテナを立てて情報をとり、判断の感覚を高めていきましょう。

避難しなくても、支援は受けられる

ここまでお読みいただいたことで、在宅で避難することの利点についておわかりいただけたことと思います。

ただ、「やっぱり避難所に行かないと、支援が受けられないのでは？」「全てを自力でどうにかするのは不安」。そんな疑問も、残っているかもしれませんね。

結論からいえば、大丈夫です。

たとえ避難所に避難していなくても、在宅のままで、自治体などの支援を受けることができます。

災害対策基本法では、自宅に滞在し続けている避難所外避難者についても、生活環境の整備に必要な措置を講ずるよう努めなければならない、と定めています。

具体的には、生活関連物資の配布、情報の提供、保健医療サービスの提供などです。

また、政府の防災基本計画や、内閣府が作成する取り組み指針などでも、市町村に向けて、在宅避難者への配慮が指示されています。

他にも、地域の共助で行われる支援などもあります。

たとえ在宅で避難していても、物資や情報、医療サービスを受けることができるのですね。

今後、こうした「在宅避難重視」の傾向は、ますます強まるでしょう。

もともと避難所のスペースには限りがあることや、慣れない集団生活での負担の大きさといった問題があった上に、ウイルス感染症などで避難所での密を避けなければならない、という課題が加わったためです。

国としても在宅避難を推奨する流れになっており、在宅避難でも安心して支援が受けられるよう、制度の整備が進んでいるのです。

こうした支援を受けられることを知っておくだけでも、安心感が高まりますね。

そのためにも、普段から**自宅から一番近い避難所**を把握しておきたいですし、災害時にはその避難所で**どんな支援が受けられるのか**も、ぜひ知っておきましょう。

自治体は「震災救援所」などの名称で救援所を設けますので、そこで在宅避難者として登録をすることができることも、押さえておきましょう。

さらには、近隣の**災害時給水ステーション**を把握しておくこと。

加えて避難所に定期的に来る**給水車の時間等の情報**も調べておけば、さらに安心感が高まるでしょう。

言い換えれば、こうした情報があるだけで、たとえ被災期間が長期になっても、たとえ自宅の物資が少なくなっても、「なんとかなる、乗り切れる」という安心感が得られるのですね。

事前に情報をチェックして、そして備えておけば、あなたもねこも大丈夫です。

いざというときの心の支え「ねこ仲間」

自宅で避難することの良さもわかり、情報収集の大切さもわかってきました。でも、どうしても不安は残りますよね。ねこの親として責任を感じれば感じるほど、いざ災害となれば心細い思いもするものです。

そんなときに備えるには、どうすればよいのでしょうか？

おすすめしたいのは、**ねこ仲間**を作ることです。

人数が少なくても大丈夫。一人でも二人でも、ねこが好きという共通点を持った仲間を探して、コミュニケーションをとっておきましょう。

というのも、災害時など辛い時こそ、同じ思い、気持ちを共有できる仲間が心の支えになるからです。

疲れた心にねこの話ができるだけで、ホッと一息つけて癒しになります。近隣のねこ仲間なら、同じ境遇で励ましあい、困ったときに行き来することもできます。違う地域に住むねこ仲間であれば、どちらかが被災しても、相手にねこ用の救援物資を頼むこともできます。

辛いことも多いであろう避難生活も、励ましあって乗り越えられるでしょう。

実際、私が過去に大きな台風を経験したときには、ねこ仲間に助けられました。近所に住むねこ仲間とは、川の水位の情報や、浸水したらお互いどうするかなどを話しましたので、心の準備もでき、安心感も高まりました。

また別の災害のときは、ねこ仲間有志で、被災した方々の地域にキャットフードを送った経験もあります。

災害時にはまず人間が優先され、ペット用品等はどうしても後回しになりがち。毎日必要なキャットフードをはじめ、闘病中のねこには欠かせない療法食など、ねこと暮らしていなければわかりにくいことがあります。

その辺りの事情も、ねこ仲間なのですぐに理解し、協力しあうことができました。

私のねこ仲間は、ねこと多頭生活している人が多く、皆ねこのことになると一生懸命。何かあるとわが家のねこ達のことまで気にかけてくれる人たちです。

このことは、防災を考える上で、とてもありがたく、心の支えになっています。

私もねこ仲間からＳＯＳが出たときは、できるだけ協力し、共に助けあいたいと思っています。

また、災害時は不測の事態が起きないとも限りません。

仮に在宅避難が難しくなったとしても、安心してねこを預けられる仲間がいれば、一時的に託すことができるかもしれません。

そんな事態は起きてほしくありませんが、万一の場合でもねこの安全を確保するためには、心強いことです。

ねこのことを相談できるねこ仲間は、あなたに力をくれます。孤独になりにくく、頑張る気力も湧いてきます。ぜひねこ仲間を探しましょう。

もし見つかりにくい方は、私のホームページ「ねころん」でも相談をお受けしていますので、何かお悩みがあるときはご相談ください。

「知識ゼロからのねことの暮らし方　ねころん」https://www.nekoron.com/

ねこがいるから、乗り切れる

この本を手に取っていただいたあなたは、きっとねこ好き。

だから災害が起こったら、「私がねこを守らなきゃ」そう強く思っていることでしょう。

確かに、ねこが頼れるのはあなただけ。あなたにはねこの親として、守る責任がありますね。


でも実際は、それだけではないはずです。


ねこは一方的に守られるばかりではなく、あなたを癒してくれる存在でもあるからです。

時には、あなたがねこに守られてもいいんです。

ねこがあなたを必要とすると同時に、あなたにもねこが必要なのです。

災害時は、知らず知らずのうちに疲労やストレスが積み重なっていきます。

そんなときにねことスキンシップがとれたなら、それは日常が戻ってくる瞬間。

ねこの寝姿、食事風景、ねこキックやねこパンチ、トイレに入って用を足している様子さえ愛おしく、その姿を見ているだけで、私たちは自然に笑顔が増え、より幸せになれます。


一緒にいることで癒され、心身ともに辛くても乗り越える元気を与えてくれるのです。


例えば、東日本大震災のような超大型の地震は、その後も余震が続くことが多いもの。

それはねこも敏感に感じとり、恐くなって家具の隙間に隠れたり、部屋の隅で怯えてしまうこともあるでしょう。

それは人間も同じ。揺れたら怖いし、いつまで続くのか不安にもなります。


でもねこと一緒なら、話は別。

スキンシップやコミュニケーションをとることで、ねこも人間も、一緒に安心できます。

ねこを優しく撫でてあげれば、心地よくリラックスして、落ち着いていてくれます。

同時に、撫でているあなたも癒されます。

ねこの体温の温かさ、被毛の柔らかさ、穏やかな表情を見ることは大きな癒しです。

このとき、実際にあなたの脳内にはオキシトシンという「愛情ホルモン」が分泌されています。

このオキシトシンは触れあいたいという気持ちを促す効果があり、心を安定させる「幸せホルモン」セロトニンの分泌も促すことがわかっています。

つまり、ねこの存在そのものがストレスからあなたを守ってくれるのですね。

そして「この子達がいるから頑張ろう」と、前向きな元気をも、与えてくれるのです。

もしスキンシップが苦手なねこなら、優しく名前を呼んだり、定期的に声かけをすれば大丈夫。

ねこは自分に関心を向けてくれていることをちゃんと理解します。

ねこも落ち着いてきますし、いつもと変わらないねこの姿が見られたなら、あなたも安堵できることでしょう。

あなたがねこを守ると同時に、ねこがあなたを守ってくれる。

災害時もできるだけ普段と変わらない生活を、自分たちのペースで、一緒に無理なく過ごせるパートナー。

ねこって本当に、素晴らしいですね。

第2章

日常生活に取り入れる。この考え方で「準備」はうまくいく

欲しい時、買いたい時にモノはない

しっかりと準備して在宅避難する。そうすれば、あなたもねこも一安心。

前の章では、そんなお話をしました。

でも、こんな声も聞こえてきそうです。

「わかっているけど、なかなか準備が進まない」「何を準備すればいいか迷う」「一応準備したけど、まだ安心できない」などなど。

そう思ってしまう気持ち、わかります。

かつては私もそうでした。「必要なものが手元にないかもしれない」と思うと心細く、不安になり、ストレスで気持ちが〝ザワザワ〟してしまうことがありました。

私はこの感覚が苦手でしたし、みなさんにも解消していただきたいと思っています。

そこでこの章では、安心するために大切な「準備」について、お伝えしていきたいと思います。

さて、準備で大切なのは、

「先送りしない」

ということです。

いつかではなく、**今準備する。**
必要に迫られる前に準備する。
それが大切な考え方になります。

なぜなら、**欲しい時、買いたい時に必要なモノはない**ことがほとんどだからです。

非常時に手に入れたいモノはみんな同じです。
そんな時、品薄になってしまうのは当然ですね。
ことが起こったあとでは、すでに手に入れることは難しくなっているのです。

たとえば、過去の災害時、非常時を思い出してみましょう。

断水になれば、多くの人がスーパーやコンビニに水を求めて走ります。電気が使えないとなれば、懐中電灯や乾電池。ガスが使えないとなれば、卓上のガスコンロやガスボンベを探し回ります。新型コロナウイルス感染症のときは、マスクや除菌用品を買うために、連日ドラッグストアの前に長蛇の列が出来ました。


ネットショップでも事情は同じです。

たとえ運よく商品を注文できても、災害で物流に影響があったなら、届くまでにどれだけの時間がかかるかわかりません。転売する人が買い占めてしまい、驚くほどの高値になってしまうことだってありえます。


運よく商品が到着したとしても、安心はできません。

被災生活が長引けば足りなくなってしまいます。

特に、新型コロナウイルスのような感染力のある病気が発生してしまうと、使い捨てマスクや消毒、除菌関係はあっという間になくなってしまう可能性が高いです。

地震や災害が起きたときには、欲しい商品はみんな一緒です。

防災関連品は注文が殺到し、入手困難になる可能性が高い。

そして多くの人が、「あのとき買っておけば」と、後悔してしまうのです。


そんな状況に陥らないために、「先送り」をやめましょう。

先に買っておけば、手に入ります。

事前に準備すれば、適正価格で買えます。

無用な不安やストレスを前もって避けることができるのが、事前準備なのです。


災害時は、世の中の見る情報、聞く情報、ほとんどが心配や不安をかき立てるものばかりになります。

でも準備さえしておけば、必要以上に恐れたり、あたふたしないですみます。

心身ともに守ってくれるのが、準備なのですね。


いつかではなく今、この本を片手に防災ひにゃんの準備をはじめましょう。

防災を分けて考えるから おっくうになる

先送りではなく、事前に準備。そんなお話をしました。

でも不安や焦りを感じているのに、準備は進まず、モヤモヤが続く。そんなことだってありますよね。


そんなときの、とっておきの考え方があります。

それは、

「防災と日常を、切り離して考えない」

こと。


この2つを別々に考えるから、ややこしくなるのです。

普段どうせ使わない、と思うからいつかそのうちと思ってなかなか買えなくなります。

日頃使わないから、いざというときに使いこなせるのか不安になります。
使ったことがないので、適正量がわからず、いざというとき足りなかったらどうしよう、
と悩みます。

こうした悩みは、日常生活に溶け込ませれば全て解決します。

日常と非日常、２つの間にある境目を取り払ってしまえばよいのです。

いつもの生活をしているだけで、自然と防災準備になっている。そういう状態になれば、
準備そのものが不要か、必要最低限で済みますよね。

ちなみにこの考え方は、**「フェーズフリー」**とも呼ばれています。


さらに、在宅ひにゃんでは、もう１つの境目も飛び越えることも提案します。

それは、

「人とねこの間にある境目」

も超えてしまおう、という考え方です。


例えば、災害時に困ってしまう問題の１つにトイレがあります。

空腹は多少我慢できても、トイレの我慢はすぐに限界がきてしまいます。「断水が長引いて水が出ない生活が続いたらどうしよう」と悩み、かといって使い慣れない非常用のトイレセットを山のように準備しておくのも気が進まない、そんな人も多いことでしょう。

そんなときこそ、日常生活に溶け込ませてみましょう。

ねこのトイレといえば、ねこ砂ですが、実は人間用の非常用トイレと、ねこ砂は機能がよく似ています。水分を吸収し、固まるという点でほぼ同じなのです。

固まるのも速く、消臭の面でもすぐれていますから、機能としても申し分ありません。しかも、ねこ砂は普段から多めに買ってあることが多いもの。防災用の備蓄としても好都合で、先にあげた「なかなか買えない」「足りない」といった悩みも、一挙に解決できてしまうのですね。

ちなみに、わが家が使っているねこ用のトイレの砂は鉱物系です。このねこ砂は液体をかければ固まり、消臭力もあり、使用後の処理も簡単。そして何より扱い慣れています。大量に買ってありますので、あとは大きめのポリ袋やゴミ袋など、普段使っているものと組み合わせればよく、災害用トイレの備蓄はほぼ必要ない状態です。

いかがでしょうか？

ねこと暮らすわたしたちの防災は、日常と非日常の境目を超えるだけでなく、人とねこの境目も超えてしまいましょう。

毎日のねことの生活で使っている使い慣れたものを、そのまま防災用品にしていくこと。

準備のストレスをできるだけ減らし、日常生活に溶け込ませていくこと。

それが在宅ひにゃん流の、フェーズフリーなのです。

日常生活に取り入れ、日々使おう

大事なことなのでくり返しますが、**防災は、日常に溶け込ませるのが一番です。**

普段使わないものにお金をかけるのはもったいない気がしてしまいますいし、いざというとき慣れていないと、使いかたもわかりませんよね。一度も使ったことのないものや、初めて食べるものばかりでは、それ自体がストレスになってしまいます。

防災時に一番役立つのは、普段から使い慣れたもの。

暮らしが一変してしまう災害時の生活でも、普段使い慣れているもの、食べ慣れたものなら、戸惑うことなく、生活のリズムや身体の調子も維持しやすくなります。

だから自分の**日常の生活に上手に防災用品をとり入れて、特別感をなくしましょう。**

少し多めに買って、使った分だけ補充していくだけ。特別な準備は最小限で済ませればよいのです。

こうした考え方は、「ローリングストック」とも言われています。

たとえば、水。

日々の生活に欠かせない飲料水は、多めに買っておきます。

そして消費期限がくる前に飲んで、なくなる前に買い足す、というサイクルを作ります。

あるいは、食料。

缶詰やフリーズドライ、乾物、真空パックのお餅など、長持ちするものを日常の食生活に取り入れましょう。

見回してみれば、長期保存用の非常食でなくとも、長く保存ができる食品は多いものです。消費期限まで半年以上、1年以上の食品のものも珍しくありません。

こうした食品を日々の生活にとり入れるだけで、特別な非常食を用意する負担が減ります。おっくうな気持ちもなくなり、自然に無理なく、ローリングストックのサイクルが出来上がるのですね。

防災に便利な調理器具も、普段使いできます。

たとえば卓上のカセットガスコンロなどは、普段使っている人も多いでしょう。

ただ、普段複数のガスコンロを使いこなしていると、いざというとき、１台のカセットコンロだけでは不便に感じてしまうかもしれません。

そこで、普段だったら作らないキャンプご飯などを、あえて作ってみるのもよいアイデアです。限られた条件で料理する練習になりますし、１台あれば充分に煮炊きできる、という自信にもつながることでしょう。

電気関係だって、日常生活に溶け込みます。

スマホの充電にコンセントを使わず、モバイルバッテリーだけで試してみる。夜間に室内の電気を消し、非常用のライトやランタンなどで過ごしてみる、などです。やってみると、意外に大丈夫なことが実感できます。

ちなみに私もカメラの撮影時に使うＬＥＤライトを試してみましたが、部屋が思ったよりもしっかり明るくなり、非常時の灯りとして十分役立つと感じました。

「明かりは大丈夫だ」と実感したことで不安が少し減り、「試してよかった」と思ったことを覚えています。

いかがでしょうか？

防災という枠にとらわれず、無理なく日常生活に溶け込ませることが大切なのですね。

準備もしやすく、普段使っているものだから安心できます。

お気に入りを探すのだって楽しいものです。

ぜひ食生活にローリングストックを取り入れつつ、その他のアイテムも防災を意識していきましょう。

使って補充。このサイクルを回せば消費期限は関係ない

あなたはこんな経験がありませんか？

いろいろ考えてしっかり準備した非常食。しまい込んだその存在はすっかり忘れられ、気がついた時には消費期限切れ。がっかりしながら処分する…

私も以前は、こうしたことがありました。

防災意識には波がありますから、最初は勢い込んで準備しても、その気持ちを維持するのは難しいですよね。そのことで自分を責めたりしたら、なおさら防災の準備がおっくうになってしまうかもしれません。

でも、大丈夫です。

先にお伝えした「**日常生活に取り入れ、日々使う**」。

この習慣があれば、何も考えなくても、期限が来る前に使ってしまうことができます。防災食という特別なものを用意するのではなく、普段食べているものを防災食としても使えばよいのです。ちょっとした発想の転換ですね。

そうすれば、いちいち商品ごとに消費期限を管理する手間もいりませんし、期限切れで食べられない、などの残念なことも起こりません。もちろん、お金も無駄になりません。

こうして、意識せずとも備えができている状態を維持することが、無理なく備蓄するためのポイント。

しかも私たちはすでに、ある程度それができています。

たとえば、お米やおしょうゆ。これらは消費期限も比較的長い上に、なくなる前に買い足すことがほとんどですよね。

私たちは生活必需品に関しては、普段からある程度はローリングストックができているのです。

先にも挙げた缶詰や、レトルト食品なども、実はそのまま防災準備にもなっています。普段食べていて、なくなったら買い足しますし、賞味期限がけっこう長いので、防災食としても十分使えます。

缶詰は数が多いと重くてかさばりますが、在宅避難では持ち出すわけではありませんので、遠慮なく買いだめもできます。

人間だけでなく、ねこについても同様です。

あなたの家にも、普段ねこが食べているキャットフードやおやつなど、多めに買っていて、パッケージの封を開けていないものがあると思います。それは立派な、防災用の備蓄です。

災害時は、人間の食料品以上にキャットフードなどは入手困難になることが予想されます。スペースの余裕をつくって多めに買い足しておけば、災害時の安心につながるでしょう。

ちなみにわが家では、8匹のねこが1カ月過ごせるだけのキャットフードを常にストックしています。

防災食だけではありません。後の章でもお伝えしますが、ねこ用のトイレの砂、ペットシーツなどは非常時に人も使える便利なアイテム。人間が兼用することも考えて多めに買い足しておくだけで、それがそのまま防災準備になります。

いかがでしょうか？

実は私たちはすでに、ある程度ローリングストックができているのですね。

あとはそれを多めに維持しつつ、足りないアイテムだけを防災用として加えていけばよいのです。

新しく特別なものを用意するのではなく、毎日の生活習慣をちょっと防災寄りにアレンジするだけ。

この考え方1つで肩の荷が下りて、防災準備がグッと楽になりますよ。

味も栄養も妥協はNG。妥協しないからこそ元気が湧く

「防災食は美味しくなさそう。でも、非常時にはそんなこと言っていられない。ガマンしなくては…」

そんな風に思っている人、多いのではないでしょうか。

かくいう私も昔はそうで、それがストレスでした。防災の準備を先延ばししていたのも、こうした後ろ向きな気持ちがあったからだと思います。

でも、それはひと昔前の話。

いまや防災食は多種多様で、長期保存食とも呼ばれるものも含め、たくさんの防災食が販売されています。

もちろん、美味しいものも増えています。味も栄養も妥協しないものが選べるのです。

だから**防災食は、味の好みと栄養、両方を満たすものを選びたい**ものです。

保存性はもちろん大切ですが、心身ともに弱りかけているときこそ、気持ちの面が大切。日常に近い食事ができれば心身ともに健康を維持できますし、そのゆとりがねこや家族への気配りにもつながり、皆のストレスを減らしてあげることにもつながってきます。

被災期間は長期間になることも考えられます。長引けば長引くほど、こうした心の余裕が大事になってきます。

そういう意味で、**たんぱく質**は積極的に選びたい栄養素です。

たんぱく質が不足すると、それを分解してできるアミノ酸も不足します。すると脳内の神経伝達物質の材料が減ってしまい、元気がなくなってしまいます。それが高じると、うつ病になってしまうことも。

また、私たちの身体をウイルスなどから守ってくれる免疫細胞も、たんぱく質から出来ています。たんぱく質が不足すると免疫力が下がってしまい、感染症などにかかりやすくなってしまいます。

このように、たんぱく質はとても大切。

にもかかわらず、災害時の食事はどうしても炭水化物の食事が多くなります。

おにぎりやパンなどは原材料も比較的安く、加工も保存もしやすいというメリットがあるからです。製造する企業や備蓄する自治体の側からみれば、炭水化物に偏ってしまう事情があるのですね。

だから避難所などで配給される食事などは、ほとんどが炭水化物になってしまうのです。

ただでさえ不安がつきものの避難生活。

家族の健康は、私たちが守らなければいけません。

そのためにも、あらかじめ**防災食選びの段階で、たんぱく質を多めに選んでおきたいの**です。

なお、たんぱく質を選ぶときは、塩分に注意しましょう。

長期保存に向いている缶詰などは栄養価も高く便利ですが、味付けの濃いものが多いからです。できるだけ味の付いていないものを選び、食べるときに必要最低限の塩やしょうゆで味をつけるとよいでしょう。

高齢になると高血圧の心配も増えますし、非常時には病院への通院も難しくなることも予想されます。体調管理に気を配りながらの食事選びを心がけましょう。

なお、こうした工夫はすべて、ねこのためにもなります。**キャットフードが底をついても、塩分が少ないたんぱく質なら、ねこのご飯にできるか**らです。

ねこは人間と違い、塩分や炭水化物がそれほど必要ありません。特に塩分は、多すぎると腎臓系の病気になりやすいことがわかっています。でも無塩、もしくは塩分がほとんど含まれないたんぱく質なら大丈夫。人間用とねこ用、同じものを使うことができ、いざというときに安心です。

ちなみにこうした理由から、わが家では普段使いで購入する缶詰もすべて、無塩タイプのものに限定しています。

味も栄養も妥協せず、ねこへの配慮も同時にできる。

普段の食事に近い形で、味も栄養も満足。

こんな準備ができれば、普段の気持ちも穏やかに過ごせますね。

こういうことができるのもまた、在宅で避難する利点の１つです。

「イベント化」でお楽しみに早変わり

日頃から食べているものを、防災食としても使う。こんなお話をしてきました。

とはいえ、想像以上に在宅避難が長期化するケースがないとは言いきれません。

そんなときに備えて、長期保存用の防災食も備蓄しておくと、さらに安心感が高まります。そのために開発されたものは３年以上、中には５年持つものもありますし、味も栄養も満足できるものが増えています。


ただ、長期用の防災食選びでは、盲点になりがちなことがあります。

それは、**「食べたことがない」**です。

買っただけで安心し、放置してしまうケースが多いのですね。

長く持つだけに備蓄して忘れてしまい、買った長期保存食を実際に食べたことがない人が意外と多いのです。

そうなると、いざというときに口に合わなくてストレスになったり、消費期限を過ぎたことに気づかなかったりと、残念なことになってしまいがち。

そうならないためにも、**防災食の食べ比べをイベントにしてしまいましょう。**

たとえば年に一度、災害も起こらず無事に過ごせて良かったという意味も込めて、「試食会」を開催するのです。

家族の晩ご飯を、備蓄していた長期保存食だけに限定するのも面白いでしょう。温めるのにカセットガスコンロを使えば、防災の練習にもなります。ベランダでやれば、それは立派なベランピング。雰囲気も出ていっそう楽しめるでしょう。

定期的なイベントとしてカレンダーに入れておけば、どんなに長持ちする防災食でも忘れることなく、消費期限が来る前に確実に消費できます。

実際に味を確かめることもできるので、大量に買ってしまう前に、別のものに入れ替えることも検討できます。いざというときに残念な思いをする可能性も、ずっと減ることでしょう。

もし長期保存食の候補が多ければ、近隣のねこ仲間や友人を誘って試食会をするのもおすすめです。

情報交換をすることで、何か新しい気づきがあるかもしれませんし、近隣の友人知人と防災について話し合えるよい機会にもなります。災害時は共に助けあうことも大切ですから、コミュニケーションもとれて一石二鳥ですね。

いかがでしょうか。

防災の準備というとなんだか身構えてしまいがちですが、楽しい生活のイベントにしてしまえば大丈夫。楽しくイベントをくり返すうちに、自分にあった食品選びがむしろ楽しくなってきたらしめたもの。

いつのまにか、あなたの防災食の備えは、万全となっていることでしょう。

機能や携帯性よりも、快適に使えるかどうかで選ぼう

ここまで主に防災食について書いてきましたが、もちろん防災グッズも生活に溶け込ませることが大切です。

ただ防災用というと、つい携帯性や軽量さ、あるいは機能の数などに目が行きがち。でもそれ以上に大事なのは「快適に使えるかどうか」なのです。

というのも、在宅で避難する選択をした時点で、持ち運ぶことはあまり重要ではなくなるためです。小ささや軽量であるかどうかは、さほど重要ではなくなります。

逆に、コンパクトさの代償として使いにくくなってしまえば、おっくうで使う頻度が減ってしまうかもしれません。

あるいは、多機能であることも、必ずしもよい結果を生みません。

つくる側が頭で考えて詰め込んだ機能は、直感的に使いづらく、練習や暗記を強要されるものも少なくないからです。

いざというときに使い方がわからなくては、防災の備えになりませんね。それでは本末転倒です。

また、災害時は多少乱雑に扱ってもびくともしない、頑丈さも求められます。これが軽量・コンパクト重視の華奢なものだと、役に立たなかったり、時には危険であることすらありえます。

被災中に給水所に水を取りに行くケースなどは、よい例でしょう。

断水してしまえば、どの家庭でも水の確保は何度となくくり返され、長い距離を取りに行くことも考えられます。行きは容器はカラですが、帰りは水が満タンに入って重くなります。

そんなとき、カートが軽くて華奢なタイプだと、扱いづらくて振動も大きく、ストレスになってしまうかもしれません。私も経験がありますが、言うことを聞かないキャリーはまっすぐ進まない、荷物が落ちそうになるなど、体力も気力も吸い取られてしまいます。

在宅避難では、軽量さやコンパクトさは必ずしも、あなたにとってよいものだとは言いきれないのですね。

仕様や機能ばかりを見ていると、意外とこうした落とし穴に気づきにくいので、注意したいものです。

逆に、使いやすければ愛着も湧き、使用頻度も増え、最大限に活用することができるでしょう。ときにそれは多少大きくて、置く場所も取るかもしれませんが、在宅避難なら大丈夫。

よりよい防災準備のため、**携帯性や機能の数ではなく、快適に使えること、心身ともに負担が少ないこと**を基準に選んでいきましょう。

なお、安全に快適に避難生活を送るための防災グッズ選びについては、のちの章でも詳しくご紹介します。

キャンプ用品を日常生活に取り入れる

ここ数年、人気レジャーの上位に入っているキャンプ。女性やソロキャンパーも増えていて、キャンプ用品もおしゃれで可愛いカラーのものも増えています。

眺めるだけでも楽しくて、それでいて機能性も高いキャンプ用品。ちょっと気になりませんか？

考えてみれば、普段とは別の場所で生活できる**キャンプは、防災準備そのもの**です。どんな場所でも火をおこし、食事を作り、寝床を確保できるのですから、もちろん災害時でもそのまま役に立ちます。

しかもおしゃれで可愛いものが増えているのですから、チェックしないわけにはいきませんね。

私も、ネットショップでよくキャンプ用品をチェックします。「女性のソロキャンプに最適」と謳った可愛いランタンにグッときたり、コンパクトでありながら実用性が備わった調理器具など、思わず衝動買いをしてしまいそうになったりする日々です。

もちろん日常でも、実際にキャンプ用品を使っています。

食事関係だけでも、小型のダッチオーブン、シェラカップ、チタンマグカップ、耐火グローブ、などなど。

日常的に使っているので、生活にも溶け込んでいます。私の中ではキャンプ用品というより、普通に調理器具という感じです。

特に、小型のダッチオーブンでつくるアヒージョはお気に入り。

なにより美味しいですし、日本人に不足しがちで、精神の安定にも欠かせない鉄分もとれますから、頼もしい味方になってくれています。

なお、サイズは6インチで、大人2人にはちょうどよい大きさです。重い鉄製でもこのサイズだと、扱いにくさはありません。

このように、防災用品にかこつけて、楽しめるお気に入りをつくってしまえばしめたもの。全く努力しなくても、いつのまにか防災が日常生活に溶け込んでいることでしょう。

ちなみに、私の夫が持っているキャンプ用のガソリンバーナーはちょっと古く、火加減の調節も難しく、決して便利なものではありません。でも愛着があるようで、しっかり定期的にメンテナンスをしています。

防災用品はいざというときに使えることが肝心ですから、そういう意味で愛着も機能の1つと言えるでしょう。

防災に役立ち、愛着の持てそうなアイテムがたくさんあるキャンプ用品。

日常生活で使いつつ、楽しさと防災準備を両立してくださいね。

面倒にならない管理のコツ

人は、覚えているつもりでもどんどん忘れていく生き物です。

しまい込んだ防災食の、しかも何年も先の消費期限のことなんて、なかなか覚えていられませんよね。

とはいえ、リストをつくって管理するのも面倒くさいもの。

そんなときは無理なことはやめて、忘れてしまいましょう。

脳に負荷をかけない代わりに、**便利な道具を活用すればよい**のです。

頭の外に情報を出してしまえば、うっかり忘れ防止にもなりますし、自分以外の人と共有することもでき、一石二鳥です。

年内の予定やイベントを共有するだけなら、一目でわかる紙のカレンダーに大きく書き込み、家族と共有するのもよいでしょう。シンプルな手法で簡単です。

もっと先のことであれば、スマートフォンのカレンダーに消費期限を書いておくのがおすすめです。

防災用の食料は期限が長いものが多いですから、紙のカレンダーだと数年先まで記入するのは大変。でもデジタルのカレンダーなら、どれだけ先の予定でも大丈夫です。

データがクラウドにバックアップされるタイプであれば、なおよいでしょう。

災害時にスマートフォンを紛失や破損してもデータが保護され、他の端末からもデータを見ることができるからです。

私の場合は、記憶に頼るとほとんどの場合、忘れてわからなくなる自信があるので、スマートフォンを活用しています。クラウドと連動させているので、パソコンからでもチェックできて便利です。必要なデータを選んで家族と共有することもできます。

毎日使うものなので自然と無理なく、防災関係のスケジュール管理ができています。

やっぱり**防災の準備は、日常生活に溶け込ませるのが一番。**

楽できるところは、できるだけ楽をする。それもまた、しっかりした準備のコツです。

自分でできる、家の強化について

災害後、ライフラインが復旧するまで乗り切ることが、在宅避難の目的です。

とはいえ、それ以外にも、しておきたいことはあります。


それは、**「自宅を地震や台風に備えて強化する」**ということです。


「強化」と聞くと、なにやら大変なことのように思えてくるかもしれません。確かに、やり出したらキリがないのも事実で、徹底的にやろうとするとリフォームのような大掛かりな話になってしまいます。

でも、お金も手間もそれほどかけず、できることは数多くあります。

だから目の前の気になることから、少しずつでも対策していけばよいのです。

たとえば、「家具などが倒れて、ケガをしてしまわないようにする」ことは、真っ先に気になることの筆頭ではないでしょうか。

重い家具が倒れたり、割れやすい食器が飛んでくることはケガに直結します。動くことで通路をふさいでしまい、身動きができなくなる可能性もあります。

ねこは、靴下やスリッパを履いていませんから、割れた食器やガラスの上を歩いたら、大ケガをしてしまうことだって考えられます。

もし割れたのが窓ガラスなら、危険なだけでなく、パニックになったねこが外に逃げ出してしまうかもしれません。

このようなことのないよう、気になったところから対策をしていきましょう。

気になる場所の候補としては、**「キッチン、寝室、リビング、玄関、窓」**の5つが多いと思います。

箇条書きで要点だけお伝えしますと、

キッチンでは、

・重い冷蔵庫が倒れないよう、固定して転倒防止

・棚や電子レンジなどは、耐震マットを敷いて動きにくくする
・大きな食器や重い鍋などは、高い場所を避けて低い棚に移動する
・棚の中では、食器が落ちないようすべり止めシートを使う

寝室では、
・本棚など大きなものは、倒れないように固定する
・棚の中では、重い本などは下に、軽いものは上に移動する
・頭の上に物が倒れてこない位置に寝る
・仮に物が倒れても、ドアを塞がない位置に置く

リビングでは、
・テレビなどの大きなものは、固定かすべり止めで転倒防止
・高い位置に、重いものを置かないようにする

玄関では、
・倒れてドアを塞ぐような物は置かない

- 鏡を置いている場合は、割れないフィルムミラーに交換する
- 散乱しないよう、靴箱の上にはあまり物を置かないようにする
- 履くのに迷わないよう、靴は出しっぱなしにせずしまっておく
- 浸水しそうな地域では、袋に土を入れた土のうを準備しておく

窓では、

- 強風で物がぶつかって割れないよう、養生テープを用意しておく
- 飛散防止フィルムの方がより効果が高いので、可能なら用意する
- 玄関同様、浸水する可能性がある場合は土のうを準備しておく

などが、自分でもできる対策になります。

なお家具が転倒したり、食器やガラスが割れた状態の時は、素足では歩かず、スリッパや、室内でも靴を履くことも、ケガから身を守る手段になりますので、覚えておいてくださいね。

また、もし家にねこだけしかいない時に災害が起きたら、ケージやキャリーは、ねこが身を隠せる場所になります。普段からキャリーを置いてあげると、喜んで中に入って寝る子もいますのでおすすめです。

ちなみに、危険を減らす意味でも、対策の手間を減らす意味でも、最も効果的なのは、**物を減らす**ことです。

当分使いそうにないもの、使う頻度が低いものは思いきって処分してしまいましょう。物がスッキリと片づくと、日々の生活でも気持ちがいいのでおすすめですよ。

水道・電気・ガスが止まっても、心配せずに済む方法とは？

この章では、在宅で避難することの準備についてお伝えしてきました。

日常生活に溶け込ませることで不安は安心に変わり、面倒な手間は楽しみに変わっていきます。

あなたの気持ちも、だいぶん楽になってきたのではないでしょうか？

あなたの気持ちが落ち着いて穏やかならば、一緒に暮らすねこも安心します。

あとは、得た知識をもとに、行動に移すだけですね。

とはいえ、知識と行動のあいだには、えてして大きな溝があるもの。

せっかくの防災についての**知識も、実際に準備というアクションを起こさなければ意味がありません。**

そこで、次の章からは、**生活の生命線ともいえる水道、電気、ガスといったライフライ**

ンについて、具体的に行動する際のポイントなどをお伝えしていきたいと思います。

ポイントさえ押さえていれば、仮に水道、電気、ガスが止まっても、心の負担はグッと軽くなります。不安になることが減り、やみくもに慌てることがなくなるのはもちろん、しっかりと生活を続けることもできるようになります。

ほんの触りだけですが、ちょっと先にお伝えしましょう。

たとえば水道について。水はライフラインの中でも最も重要なものです。

でもたとえ断水しても、数日間の飲料水の備蓄があり、近隣の給水所の情報などがわかっていれば大丈夫。加えて給水に必要な水を入れる容器の選び方、運ぶためのカートのチェックポイントなども知っていれば、水への心配は無用です。

飲料水だけでなく、トイレの水などの生活用水も気になりますよね。

停電時には、水洗トイレも住宅環境やトイレのシステムの違いで水が流せなくなる場合もあります。でも防災非常用トイレや代用品となるねこのトイレ用の砂、ペットシーツなどを組み合わせて使うことで、トイレの不安もなくなります。

電気についても同様です。情報を取るためになくてはならないラジオやスマートフォン。

停電で電池が切れてしまったらと思うと不安になりますが、大丈夫。ポータブル電源をはじめ、モバイルバッテリー、さらには蓄電のためのソーラーパネルの準備もあれば、充電切れの心配もなくなり安心できます。

明かりについても、懐中電灯やライトが数個準備があれば、明かりとりには充分。ソーラーパネルもあるなら、太陽さえ出ていれば充電できます。

そして、ガス。仮に供給がストップしても卓上のカセットガスコンロなどがあれば、煮炊きの心配はいりません。使い勝手のよいキャンプ用品の準備があれば、さらに安心材料が増えます。

いかがでしょうか？

ざっと見ただけでも、ライフラインが止まっても大丈夫そうな気がしてきたのではないでしょうか。

次の章からは、より詳しくお伝えしていきますので、ぜひご参考になればと思います。

第3章

「水道が止まった！」でも大丈夫！

水まわりで知っておきたいこと——まず飲料水、そして給水所の確認から

蛇口をひねれば水が出てくる生活。それが私たちの日常ですね。

でもその水が急に止まれば、ろくに食事も作れなくなりますし、トイレや洗濯なども自由にできなくなります。

もちろん、ねこの飲み水だってありません。可愛くおねだりされても、水もあげられないことだってありえます。

考えるだけでもイヤになってしまいそうですが、災害では実際に起こりうることなのです。

でも、慌てることはありません。たとえ水道が止まって断水になっても、前もって2つの準備さえしていれば大丈夫です。

具体的には、次の２つです。

１、飲料用の長期保存水

２、給水所の確認

最低限この準備ができていれば、たとえ水道が止まってしまっても、不安は大幅に減ります。

非常時はどうしてもストレスがつきものですが、心配事を前もって減らせれば、心穏やかに災害を乗りきることができるでしょう。

そこでこの章では、気持ちが楽になる水の備えについてのポイントをお伝えしていきます。あなたとねこの暮らしに当てはめつつ、ぜひ準備に活かしてみてください。

【水の準備その1】飲料用水を準備する

人もねこも、飲料水は最優先

まず行いたいのは、飲料水の確保です。

人もねこも、水なしでは生きていけません。

また、ねこはもともと腎臓への負担が大きく、高齢になると腎臓病になってしまいがち。

水不足はそれに拍車をかけてしまいます。

しっかり水を飲めなければ、その後のねこの健康にも影響してしまうのです。


ねこのためにも、飲料水は最優先で確保しましょう。

最初に確保すべきは水そのものではない!?

さて、実際に飲料水を買ってみると、とても重く、場所もとることがわかります。

詳しくは後述しますが、1日に必要な量をちゃんと計算してみると、なおさらその量の多さに驚くことでしょう。

そう、実は**最初にやることは、水を買うことではありません。**

大量の水を置いても邪魔にならない、**備蓄するスペースを確保することが**先なのです。

置く場所が確保できないと、買うことを躊躇してしまいます。いつになっても十分な量の水が確保ができず、先送りになってしまいます。

逆に、後先考えずに水を買ってしまうと保管場所がありません。しかたなく玄関先やリビングなどに置きがちですが、それは日々の生活においてストレスになってしまいます。

どちらの場合でも、日常生活に溶け込んだ在宅の避難とは、ほど遠いものですね。

そうならないためにも、まずは置き場をしっかり確保することからはじめましょう。

ちなみにわが家では、クローゼットの中が水関係の保管場所になっています。

というのも、水の長期保存に適した条件が多いからです。

その条件とは、「直射日光が差さず、生活の中で邪魔にならない場所で、なおかつねこにイタズラされにくい」ということ。このような好条件が揃っているので、そこに落ち着きました。

さらに気をつけるのであれば、結露しないよう段ボールを壁から少し離しておくとよいでしょう。

なにしろ長い期間保存しますので、こうした細かいコツがのちのち効いてきます。

なお、私たちのようにねこと暮らす家庭では、先に触れた**「ねこにイタズラされにくい」**ことも大切です。

というのも、長期保存用の飲料水のダンボールは、光やゴミなどが入らないよう、取っ手の穴を空けずに封がしてあるからです。普通の飲料水とは違い、長期保存のための工夫がしてあるのですね。

もちろんねこはそんなことは知りませんから、かじって穴を空けてしまうこともありえます。そうなる前に、あらかじめ保存場所選びの際に留意しておきましょう。

ちなみにわが家にも段ボールの箱をかじるのが好きな子がいますので、私的にもここは要チェック項目です。

いかがでしょうか。ねこと暮らす家ならではのチェックポイントもふまえつつ、水の置き場所を確保するところからはじめましょう。

飲料水を購入しよう

場所の確保ができたら、飲料水を購入しましょう。

選択肢としては、**普通のペットボトルの水**を買うか、**長期保存用の水**を買うか、あるいは**ウォーターサーバー**を使うか、という3つになってくるでしょう。

普通のペットボトルの水でも、約2年程度の消費期限があるものも多く、十分選択肢に入ってきます。ですのでスーパーやコンビニで、バラで購入して用意しておくのもよいでしょう。

ただその場合は、長期保存用の水と比べて、日々の生活の中で消費し補充する、ローリングストックの頻度が増えることになります。

長期保存用の水は、消費期限が5年以上のものも珍しくなく、中には10年を超えるものもあります。光やゴミが入らないよう、穴のない段ボールに入っていますので、箱単位で購入するのがおすすめです。

一度買っておけば、管理する手間も頻度も少なくなりますし、品質の面でも安心できるというメリットもあります。

ウォーターサーバーも近年、利用するご家庭が増えてきました。すでに使っている場合は、日常に溶け込んでいるというメリットがあります。また、定期的に配達してもらえるので、ローリングストックしやすいという利点もあります。

ただ、それだけに普通は、大量に備蓄はしない傾向があります。

災害時は水の配達も滞る可能性がありますから、防災用として備蓄するには量が足りない点は注意したいところです。長期保存水は別に用意するなど、他の選択肢も組み合わせると、安心感が高まるでしょう。

どれくらい飲料水を備蓄すべきか？

飲料水の種類を決めたら、次は「どれくらい買っておくべきか？」が気になりますね。
それについては、次の計算式が目安になるでしょう。

・人間用「1日1人約2～3リットル×人数」
・ねこ用「1日1匹約300ミリリットル×頭数」

この量は必要最低限の目安ですので、より安心したい場合はもう少し増やしてください。
なおご参考までに、ねこの水分要求量をもう少し詳しく示すと、体重４キロのねこで約２１４ミリリットル、６キロのねこなら約２９０ミリリットル、７キロ以上なら４００ミリリットルと言われています。

ちなみに、わが家のように８匹の大所帯となれば、大まかに計算してもねこ達だけで、１日に２リットルのペットボトル１本が必要になってきます。

人間2人分で約6リットル、ねこ達が2リットル、1日分として合計8リットルの水の確保が必要ということですね。

それが1週間であれば、実に56リットルもの飲料水を備蓄しておくべき、ということになります。

給水所での配給が始まれば水を手に入れることは可能になりますが、すぐには始まらない可能性もありますし、始まっても十分な量が手に入るかはわかりません。

少なくとも3日間は自力で過ごせるだけの備蓄はしておきたいものです。

こうして数字で見ていくと、ねこと在宅避難する上で、飲料水の準備はしっかり意識しないとできない、ということがわかると思います。ねこの分も含めて、早めに準備していきましょう。

【水の準備その２】給水所を確認する

災害時給水所とは？

ここまで、飲料水について見てきました。

ただいかにしっかり水を確保しても、貯めておくには限界はありますし、使いきってしまう不安も残ります。

そこで大事なのが、「補給」を受けることです。

自分の住んでいるエリアの「災害時給水所」を、事前に確認しておきましょう。

災害時給水所とは、災害時に水を配布してくれる場所のこと。「災害時給水ステーション」や「災害時応急給水拠点」といった呼び方をされることもあります。

たとえば東京には約２００カ所あり、およそ半径2キロ内に1カ所の目安で設置されています。

水道施設や公園の下など、普段から水を貯めている施設が中心ですが、給水車や避難所等に設置されることもあります。

もしあなたが備蓄していた水が底をついても、災害時給水所を知っておくことで、いざというときに慌てずに済みます。

可能なら、事前に近隣の給水所を下見しておくのもよいでしょう。

どれくらい時間がかかるか、どれくらいの量なら運べそうかといったこともわかりますから、準備もはかどります。

最寄りの災害時給水所をチェック

それでは実際に、住んでいるエリアの情報を検索してみましょう。

インターネットにつながったパソコンやスマートフォンのブラウザから、

「○○区　災害時給水所」

のように検索します。

あなたの自宅から近い災害時給水所を、複数確認しておきましょう。

コツとしては、都道府県ではなく、市区町村で検索したほうが、目指す情報に早くたどり着けるでしょう。

高齢のご家族などと離れて暮らしている場合は、前もって調べてあげて、教えてあげるのもよいですね。

また自治体によっては、避難情報が書かれた冊子が配布されている場合もあります。地元ならではの詳細な情報が載っていることもありますので、併せてチェックしておきましょう。

もし余力があるようなら、水道局のホームページもチェックしてみてください。

水道局ならではの情報として、おすすめなのが給水槽の大きさのチェック。

給水槽の大きさには種類があり、震災対策用応急給水槽（１５００立方メートル槽）、小規模応急給水槽（１００立方メートル槽）といった違いがあります。

当然、大きい方が確実に水を受け取ることができるので、あなたの近所で比較して、優先順序をつけておくのもよいでしょう。

ちなみに私の場合は、一番近い給水所までは徒歩で15分以上、大きな給水所へはそこからさらに遠いことがわかりました。

この近隣一帯の人たちがここに集中するのは間違いありませんから、給水が制限されてしまう可能性に気づけたので、第2、第3の給水所もチェックすることに。

事前に調べておけば、いざというときに慌てる可能性がグッと減ることを実感しました。ぜひ早めに、最寄りの災害時給水所を確認しておきましょう。

ここまで、飲料用の長期保存水と、給水所の確認についてお伝えしました。最低限この2つだけでも準備ができていれば、たとえ水道が止まってしまっても、不安は大幅に減ります。

その不安をさらに軽くするべく、次からはさらに具体的にお伝えしたいと思います。また在宅ひにゃんでは、前章でもお伝えしたように「ねことの日常生活に溶け込ませる」ことを重視します。

日常と非日常の境目。人とねことの間にある境目。私たちを隔てる境目を取り払ってしまうことで、無理なく楽に、安心できる準備をしたいもの。
そうした視点から選んでいますので、ご参考になればと思います。

水まわりの防災グッズ一覧

①軟水の防災用長期保存用ミネラルウォーター
②給水用ポリタンクかウォーターバッグ
③水容器もねこのキャリーケースも運べるカート
④生活用水
⑤トイレのねこ砂（人ねこ兼用）
⑥トイレットペーパー
⑦アルコール不使用の除菌、消毒用品
⑧アルコール不使用のウェットシート&ドライシャンプー
⑨ペット用トイレシート

水まわりの防災グッズ詳細

① ねこのことを考えた飲料水選び

防災用の、長期保存用ミネラルウォーターは押さえておきましょう。

防災用は保存期間が長いので、期限のチェックも少なくてすみますし、日常生活で消費して買い足すローリングストックの頻度も減らせます。

ペットボトル入りで、できれば5年保存以上のものがベターでしょう。しっかりと密封されていることから、品質面でも安心感があります。

いわば、安心できて手間いらずなのが防災用の飲料水なのですね。

それを段ボールの箱で買い、箱から出さずにそのまま保管しましょう。長期保存用は光や虫が入らないよう、わざと取っ手などをつけず、穴がないようにしてあるためです。

保管場所は、ねこが箱をかじって穴を空けたりしないよう、クローゼットの中などがよいでしょう。その際は、箱を壁に密着させずに、少しすき間を空けておくと、結露しにくいのでおすすめです。

もちろん在宅ひにゃんでは、ねこのことも考えたいですね。

災害時は、ねこの飲料水も人間と同じ水を使いますので、できるだけ軟水のものを選ぶようにしましょう。日本の水道水は一般的に軟水であると言われているので、普段与えている水に近いものを選んであげましょう。

② 給水を受けるには水容器が不可欠

給水所では、自宅から水用の容器を持参し、そこに水を入れてもらうことになります。専用の容器は使い勝手が良いものも多く、衛生面でも量の面でも安心ですので、必ず用意をしておきましょう。

「ウォータータンク」「ポリタンク」「給水袋」といった名前で売られており、ネット通販やホームセンターなどで、手頃な価格で手に入れることができます。

なお、水専用の容器は、ハードタイプとソフトタイプの2種類にわかれます。

ハードタイプは折りたためないため、場所をとりがち。その反面、作りがしっかりして耐久性、安定感があります。

ソフトタイプは普段は折りたたんでおけるため、場所をとらない利点があります。大量に水を備蓄したい場合は、その利点を活かして複数用意するのもよいでしょう。

いずれのタイプも、災害時以外にもアウトドアなどでも使えます。

なおハードかソフトかを問わず、水を注ぐためのコックが付いていると便利です。狙った所に注ぎやすいだけでなく水流の調節もできるので、貴重な水を大切に使うことができます。

一方で、水を入れるときの注ぎ口は、大きく広い方が便利。給水を受けるときなども、スムーズになるでしょう。

つまり口は2つあったほうがよく、それぞれ求める要素が異なるので、選ぶ際の参考にしてみてください。

容器の大きさと数については、必要な水の量から逆算して決めることになります。

飲料水の必要量は、先にお伝えしたように、

・人間用「1日1人約2～3リットル×人数」

・ねこ用「1日1匹約300ミリリットル×頭数」

という式が目安になります。

仮に人間2人にねこ3匹だとすると、一日約6リットル程度の水が必要です。

容器が5リットルのものだと1日も持たないことになってしまいますが、20リットルのものであれば約3日は持つ、ということになります。


ちなみに水道水にも保存期間があります。

東京都水道局によれば**「常温で約3日、冷蔵だと約10日」**とのことです。

一度に多くの給水をもらいすぎてもムダになる可能性がありますし、なにより持ち運ぶのが大変ですから、3日分が容器の準備の目安になるでしょう。

もちろん、ミネラルウォーターの備蓄に余裕があれば、給水の水は生活用水のほうに回すこともできます。ねこと家族の人数、そして何日分欲しいかによって、容器の大きさと数を決めていきましょう。

③ 水容器を運ぶカートは、ねこを運ぶことも考える

給水所から重い水を運んで来るのは大変な労力です。

給水所が家の近くでないこともありますし、何往復もすることだって考えられます。女性やお年寄りが運ぶことだってあるかもしれません。

そんなとき、役に立つのがカートです。効率よく水を運ぶためには必須の道具といえます。

重いものを運びますから、デザインや価格よりも、しっかりとした作りに重点を置いて選びましょう。本体はもちろん、車輪の部分の作りも大切です。ここが華奢だとうまく運ぶことができません。運びながらイライラしたり、最悪の場合には転倒して水をこぼしてしまうことだってありえますから、要チェックです。

カートは水だけでなく、様々なものを運べます。

もちろん、キャリーケースなどに入ったねこ達を運ぶのにも役立ちます。あなたの自宅

にあるねこのキャリーケースのサイズをふまえ、それがしっかりと積めるカートを選びたいものです。

もし多頭生活をしている場合は、キャリーケースを複数積み上げることも考えておきたいもの。荷締めベルトやストラップも含め、チェックしてみてください。

もしキャリーケースの方が心もとないようであれば、これを機にしっかりしたつくりのものに買い替えてしまうのもよいでしょう。

また、カートで意外と大切なのは、使わないときのサイズ。あまりに大きいと邪魔ですし扱いにくいですから、たたんだ状態でも運びやすいサイズのカートを選びましょう。折りたたんで隙間などに収まるタイプだと、場所も取りませんのでおすすめです。

④ 飲料水とは別に、生活用水も

非常時に飲料水は貴重ですから、それを生活用水に使うのはもったいないですね。

そんなときに浴槽に水が溜めてあれば、トイレを流すのに使えたり、少しの洗濯物なら手洗いもできますので重宝します。

ですので、たとえ湯船につかることが少ないお家でも、浴槽には水を溜めておく習慣をつけるのもよいでしょう。断水になったときにはその水を生活用水として使えば、給水を待つあいだも安心でき、ストレスが軽減できます。

ちなみにわが家では、毎日お風呂に入り終わった直後に排水し、浴槽を洗い、すぐにまた新しい水を溜めています。古い水を溜めるよりも清潔ですし、追い炊きすればそのままお風呂に入れるので、この形に落ち着きました。

あなたの生活に合わせて、生活用水が自然と準備できている習慣を作っておきたいですね。

なお、飲料水が底をついてしまい、なおかつ給水も受けられないときは、最終手段として生活用水をろ過することも視野に入ってきます。

たとえば「携帯浄水器」は、雨水などもろ過することで、飲める水に変えてくれる防災グッズです。

いろいろな種類がありますが、直接水の中に差し込んで飲める「ストロータイプ」。水筒のような形をした「ボトルタイプ」。そして大量の水をろ過するときに役立つ「ポンプタイプ」の３つが主な種類です。

性能ですが、形よりもフィルターによって決まってきます。浄水能力だけでなく、交換のしやすさなども比較したいもの。

またフィルターは消耗品ですから、本体だけでなく、交換用フィルターの値段なども一緒にチェックしておきましょう。

⑤ トイレは人にも使える「ねこ砂」で全てうまくいく

普段何気なくたくさんの水を使っている私たちですが、断水になったら、その生活は一変します。

特にストレスが大きいのが、トイレです。

断水になると、水洗トイレは使えなくなりますし、停電の場合でも、最近増えてきたタンクのないタイプのトイレは、そのままでは水が流せなくなってしまうこともあります。

そんなとき、あると便利なのが非常用の「携帯トイレ」です。

便器に袋と凝固剤を入れ、用を足したら縛って捨てるだけ。水を流さなくても用を足せるので、節水に大きく役立ちます。

また、似たような名前の「簡易トイレ」というものもありますが、便座だけの商品でもそう呼ばれることがあります。袋や凝固剤が付いていないことがありますので、間違えないよう気をつけましょう。


ただこの携帯トイレ。便利なものですので準備しておいて損はないのですが、トイレは毎日何度もするもの。避難生活が続いてくると、経済的にも負担になってきます。

かといって、使い回していてはにおいがストレスになりますし、衛生面でも良くありません。


そこで、ねこと暮らすあなたに、実はもっとお勧めの方法があります。

それは、「**ねこのトイレの砂**」を使うことです。あなたもよく知っているねこのトイレの砂が、優秀な人間用の防災グッズになるのです。

ご存知の通り、ねこの砂は水を吸うと素早く固まります。防臭効果も高く、ちょっと砂をかけるだけでにおいもほとんどなくなります。

しかもねこの砂は、普段から多めに買って備蓄してあることが多い上に、近所のスーパーなどでも置いてあり、入手も容易です。

つまり新たに用意せずとも、防災トイレはすでにあなたの家にあるも同然なのですね。防臭加工された袋があれば、準備は完璧といえるでしょう。

ねこの砂にも種類がいろいろありますが、鉱物系のものはよく固まって消臭性も強いものが多く、よい選択肢といえるでしょう。

もし、あなたの家で鉱物系のねこ砂を使っていないなら、いざというときにねこが両方使えるよう、日頃から試してもらうのもよいですね。

なお、ねこ砂はひと袋5キロ単位で売られていることが多いので、多めに買っておくとかさばります。その分、置く場所を前もって確保しておきましょう。

わが家では5キロ×8袋、約40キロのねこ砂を常に備蓄しています。

ちなみに、お風呂の水などをタンクに水を入れてから流す方法は、メーカーは避けるように注意していることが多いです。

地震のときは、排水管や下水道が破損している可能性があること。また、タンク内の水だけでは十分な洗浄ができずに、詰まりの原因となってしまうことなどが、その理由です。

同様に、トイレに直接水を流すことも詰まる可能性があり、避けたほうがよいと言われています。トイレの種類によってはタンクまわりに電気部品があるため、水がかかって故障する恐れがあることも、知っておいたほうがよいでしょう。

もしどうしても、というときはバケツ等で水を流し込むことになりますが、1回につきバケツ1杯（約7リットル）に加えて、追加で3リットルほど必要とも言われています。

これを一日何度もくり返していては、生活用水を大量に消費してしまいますね。

そういう意味でも、やはりねこ砂が最強の防災トイレ、と言えるでしょう。

在宅ひにゃん流、人ねこ兼用防災トイレ術。ねこと暮らす家ならではのメリットを活かし、お手軽かつおトクに、トイレ問題をクリアしてしまいましょう。

⑥ トイレットペーパーは買い占められる前に買っておく

新型コロナウイルス感染症が拡大した初期には、トイレットペーパーの買い占めが起きました。ＳＮＳなどを通じて不安がさらに拡散され、店頭からトイレットペーパーが一時的になる騒ぎでした。

災害等で避難する場合も同じです。

消耗品のトイレットペーパーは十分に備蓄しておきましょう。家族の人数に合わせ、ストックが1カ月分もあれば、買い占め騒ぎが起こっても大丈夫ですね。

またトイレットペーパーと同様に、ボックスティッシュも日頃から多めにストックしておきましょう。水が思うように使えない状況では、ふきんやぞうきんをすすぐ水さえ貴重ですので、使い捨てできるティッシュは重宝します。

日常生活でいつも使っているものこそ、つい油断してしまいがち。いざというときに不足することのないよう、しっかり備蓄しておきましょう。

⑦ 除菌、消毒用品は、アルコールNG！

新型コロナウイルス感染症の影響もあり、必須アイテムになった除菌、消毒用品。

もちろん、貴重な水を節約するためにも欠かせません。

断水で手洗いが思うようにできないとき、サッと使える除菌ウェットティッシュ。

気になる部分に直接スプレーしたり、拭き掃除にも使える除菌スプレー。ねことの生活をしている私たちは、お世話になる機会が多いですね。毛玉の嘔吐や粗相の後片付けに、日頃から使っている人も多いのではないでしょうか。

ただ、ねこと暮らす私たちには、要注意のポイントがあります。それは、**アルコールが入っているものは、ねこの前で使ってはいけない**ということ。これはエタノール（エチルアルコール）と書いてあっても同じです。なぜなら、ねこはアルコールを体内で分解できないため、有毒だからです。そこで、次亜塩素酸の成分の入ったものを選ぶなどの工夫が大切になってきます。

ちなみにわが家のグッズは、ねこにも人にも手軽に使えるノンアルコールウェットティッシュや次亜塩素酸系のものが中心。そこに人間専用として食品にも吹きかけて使うことができるアルコール入りのスプレーも少し、といった割合です。これらを合計して、約3カ月分備蓄しています。

もちろん、ねこが吸い込まないよう細心の注意を払って使うのであれば、アルコール入りの除菌用品を人間専用として使うことは可能です。しかし非常時は心の余裕がなくなり、気が行き届かなかったり、思わぬケアレスミスだって起きやすいもの。

前もって人とねこの生活、両方にマッチする除菌アイテムを用意しておけば、間違える心配もなくなりますのでおすすめです。

⑧ 人もねこも体が拭ける、ウェットシート＆ドライシャンプー

断水になると、お風呂に入れず、髪を洗えない日が続くことも考えられます。

そんなときはウェットシートを利用しましょう。

多めに使えば顔はもちろん、身体だってしっかり拭けます。

選び方ですが、やはりねこへの配慮が欲しいところ。アルコール成分を含まないタイプを準備すれば、ねこと共有で使えます。

ねこへの誤用の危険がなくなりますし、人と分けて用意する必要がありませんから、手間の面でも楽になります。

ちなみにわが家のウェットシートはノンアルコールかつ無香料、日本製。ですので、ね

こ達の顔や口周り、そしてお尻だって安心して拭いていますし、私もお手拭き代わりによく使っています。多めに注文しているので、備蓄スペースではなかなかの存在感です。

なお、顔や手だけであれば除菌ウェットティッシュで事足りますが、全身となると、やはりそれ専用のものが欲しくなります。

そんなときは、髪なら粉末や液体のドライシャンプー、身体はサイズの大きいボディシートの出番です。平時でも、体調不良でお風呂に入れないときにも使えますから、日常生活の中で試してみるのもいいですね。

ただ、ドライシャンプーもボディシートもアルコールを使っているものが多いので、その点は注意して選んでください。

また、口内ケアも忘れないようにしたいもの。

歯磨き粉は、泡立ちが多いものだと口をゆすぐ回数も増えてしまいますので、少なめのものを選べば水の節約につながります。

同様に、水を使わないマウスウォッシュなども候補に挙がってきます。

デンタルフロスや歯間ブラシなども併用すれば、さらに口内を清潔に保てるでしょう。

非常時は生活することに追われてしまい、口内ケアは後回しになりがちです。でも口腔環境の悪化は口内炎や便秘につながってきますから、決しておろそかにはできません。

心身に大きな影響を与える衛生環境。非常時だからこそ、いつもと変わらぬ清潔さを保っていきたいものですね。

⑨ 粗相に備えてペット用トイレシート

ねこは環境の変化にとても敏感です。

たとえ在宅で避難したとしても、いつもと違う様子は伝わってしまうもの。ささいなことがストレスとなって急に嘔吐したり、マーキングをしたりといった粗相が増えることも考えられます。

特に、ねこがトイレ以外で用を足してしまったときなど、いち早く拭き取りたいですよね。

そんなときにあると便利なのが、ペット用トイレシート。

素早く水分を吸収し、においも強力に防いでくれます。吸収した液体が逆戻りしない機能もありますから、粗相が続くようならその場所にペットシートを敷くことで、今後の汚れを未然に防ぐこともできます。

ねこだけでなく、小さな子供のトイレとしても代用できますし、濡れた場所にぞうきんのように使う事もできます。

このように、在宅避難時のストレスを地味に減らしてくれるのが、ペット用トイレシートです。色々な使い道があるので、わが家もサイズ違いで2種類用意し、日々使いながら補充しています。


この章では、最も重要な水の確保から始まり、揃えたい水まわりのグッズについてお伝えしました。

災害時は飲料水、生活用水ともに、簡単には手に入らないことも考えられます。

でも、ねこの分も含めて、日常生活に備蓄を取り入れてしまえば大丈夫。

人もねこも共有で使えるアイテムを増やすことで、準備はさらに万全になります。

在宅ひにゃんの工夫で、シンプルかつ楽に、準備を進めていきましょう。

第4章

「電気が止まった！」
でも大丈夫！

電気について知っておきたいこと——「この2つ」を押さえればうまくいく

停電。ちょっとドキッとする言葉ですね。

ライフラインの中でも、止まったらすぐに困るのが電気です。情報が取れない、暗い、暑い、寒い…

困るだけでなく、大きな不安ものしかかってきます。しかも、停電は簡単に復旧しないことも多いもの。長期戦になることも考えなければならないでしょう。

でも、大丈夫です。

必要最低限の準備だけできていれば、慌てなくて済みます。

なぜそう言いきれるかというと、**生活するために本当に必要な電気は意外と限られている**からです。

もちろん、大きな家電が動いて普段と全く変わらない生活ができれば、それにこしたことはありません。

でも、そうした便利なものはなくても、生活することはできます。

だから**必要最低限に割り切って、その分の電力さえ確保すれば、危険や不安を最小限に抑えることができる**のです。そうやって気持ちの余裕ができたあとで、便利な家電を動かすことを検討してもよいでしょう。

そう考えれば必要以上に慌てることもなく、お財布への負担も少なくて済むのです。

では電気が止まったとき、どんなものを用意、準備すればよいのか？ということですが、大きく分けると、

「安全確保」

「情報収集」

の２つになります。

前者の「安全確保」の代表例は、明かりです。地震では家具や食器などが散乱してしまう可能性もありますし、段差による転倒も避けたいもの。

たとえ暗くても、いや暗ければ暗いほどねこの安否確認も気になりますから、足下をし

っかり照らせる明かりは欠かせません。

後者の「情報収集」は、防災情報などを得る上で大切です。

そうした情報の多くは、ラジオやインターネットで得られますから、スマホの充電切れなどは絶対避けたいもの。

逆にいえば、情報収集はこの２つさえあれば十分で、必ずしも大型のテレビなどは動かなくとも大丈夫、と考えることができます。

この「２つ」を押さえていけば大丈夫。慌てて必要ないものまで揃える必要はないのですね。必要最低限の電力で、安心感を確保していきましょう。

なお、停電になったとき、電気のブレーカーを落とすべきかどうか、が話題になることがあります。確かに復旧した際、壊れた家電製品などに電気が通ってしまうと火災になりやすいのは事実です。注意が必要なのは確かでしょう。

ただ、電力会社の見解によれば、必ずしもブレーカーは落とさなくともよい、とのことです。もし地震等で**家電製品が壊れたりしていないのであれば、そして屋内の電気配線などにもダメージがないことが明らかなのであれば、ブレーカーは落とさなくても大丈夫。**

そう考えて、不安材料を１つ減らしましょう。

電気まわりの防災グッズ一覧

①ポータブル電源
②ソーラーパネル
③モバイルバッテリー
④充電式乾電池
⑤LEDライト
⑥ラジオ
⑦スマートフォン
⑧湯たんぽ
⑨クーラーバッグと保冷剤
⑩扇風機（小型扇風機）
⑪掃除機

電気まわりの防災グッズ詳細

① なにはともあれ、ポータブル電源

まずはあれば安心、ぜひ準備しておきたいものの筆頭は、ポータブル電源です。

ポータブル電源とは、平たくいえば大きなバッテリー。

ただスマートフォン用などとは違い、出力が大きいので比較的大きな家電製品もつなげて使うことができます。そのためＵＳＢだけでなく、自宅の壁にあるようなＡＣコンセントなど、何種類もの出力がついています。

充電できる容量も多いので、スマートフォンやラジオなどは何回もくり返し充電することができます。

大きな容量は、その分大きな安心感を与えてくれるでしょう。

また、ポータブル電源はアウトドアや車中泊でも使うことができますし、日常生活でちょっと変わった使いかたもできます。たとえばベランダにイスと机を用意してちょっとパソコンを使う、といったときにも便利です。

なお、ポータブル電源とよく比較されるものに「小型発電機」があります。かなりの電力が得られるのですが、これはいわば小型のガソリンエンジン。騒音が大きいため、お住まいの環境によっては使用が難しいことも考えられます。

なにより、大きな音はねこのストレスになってしまうことも多いので、在宅ひにゃんではあまりおすすめしません。

また、小型発電機はガソリンを消費するため、その備蓄と補充という別の問題が出てきてしまうこともデメリットです。

こうしたことから、静かでクリーンなポータブル電源をおすすめしています。

このように、停電時の家電製品の起点となるのがポータブル電源。

大きいにこしたことはないのですが、むやみに大きさを求めると、サイズも値段も比例してどんどん大きくなってしまいます。

そこでポータブル電源選びは、どの家電まで使いたいのか、そして何は使わないのか、を先にイメージしておくことが大事になってきます。

ポータブル電源にはいろいろな性能表示がありますが、最も大事なのは**電力（W・ワット）**です。使いたい家電の消費電力（W）に対し、ポータブル電源がそれ以上の出力電力（W）を持っていれば、その家電は使える、あるいは充電することができます。

なおW（ワット）は、1時間単位としてWh（ワットアワー）と書かれていることもあります。微妙に違うのですが、ここではざっくりと同じと考えて大丈夫です。

主な家電の消費電力は、おおよそ次のようになっています（機種や年式によっても違いがありますので、あくまで目安としてお考えください）。

・ラジオ　0.1～10W（ワット）
・スマートフォン　10～20W
・ノートパソコン　50～150W
・デスクトップパソコン　100～300W

・扇風機　2～50W
・液晶テレビ（32型）　50～100W
・液晶テレビ（65型）　150～500W
・こたつ　500～800W
・冷蔵庫　250～600W
・掃除機　20～1100W
・炊飯器　400～1200W
・電子レンジ　1000～1300W

先にもお伝えしましたが、災害時に本当に必要な家電製品は意外と限られています。たとえばポータブル電源の出力が150W以上あれば、ラジオをつけっぱなしにした上で、必要なときはスマートフォンでインターネットに接続して情報を得ることができます。この2つの防災情報は充実していますので、基本的に不足はありません。

一方、「心配だから、テレビもつけておきたい」と考えてしまうと、得られる情報がそれほど増えないのに比べて、電力は格段に多く消費してしまうことになります。

炊事についても同様です。

「いつものように炊飯器を使って、電子レンジも…」と考えてしまうと、急に消費電力が大きくなり、１０００Ｗ以上も必要になってきます。

しかしここで、たとえば「料理はガスコンロだけでも大丈夫」と考えれば、調理に関する電力は全く必要ないことになり、むやみに大きなポータブルバッテリーは必要なくなります。

また、いくら容量が大きくても、それを再充電できなければ、バッテリーはただの重い箱です。このあとお伝えするソーラーパネルの能力に見合う以上のサイズを買ってもあまり意味がありませんので、合わせてチェックして欲しいところです。

あなたにとっての基準を先に決めておくこと。それが電源選びのコツです。

停電から回復するまでの間、「どの家電まで使いたいのか」をイメージして、無理なく無駄なく、ポータブルバッテリーを選んでみてください。

②ソーラーパネルで自宅が永久機関に

ポータブル電源の容量がいくら大きくても、やがて底をつきます。

そこで大切になってくるのが、停電時にいかに充電するか。おすすめなのは、太陽光による充電、いわゆるソーラーパネルです。

ソーラーパネルというと、屋根に取り付けるタイプの大きなものを想像する方もいるかもしれません。

でも、おすすめするのはそんな大掛かりなものではありません。折りたためば薄くなり厚さは約1～2センチ、サイズは縦横50センチ程度になるものです。クローゼットや押し入れにしまえますし、取っ手がついているものなら壁に掛けておくこともできますから、かさばりません。

ここでも判断の基準となるのは、Ｗ（ワット）の数値。およそ１２０Ｗ程度あれば、天気次第の面もありますが、必要最低限の充電には事足りると思います。

これ以上小さなタイプだと、日々の電力消費に追いつかず、力不足のことも。外出時やサブとしてはよいですが、避難生活でメインとして使うには向かないでしょう。

また注意したい点としては、ソーラーパネルとポータブル電源の接続方法です。

端子を合わせるだけでなく、電圧も合わせる必要がありますので、必要があれば変換コネクターも一緒に購入しましょう。

ちゃんと充電できるかを確認するためにも、購入したら必ず一度使ってみてください。もちろん、電気代を浮かすことができるので、日常生活でそのまま使い続けるのもありですね。

実は私も最初は、「ソーラーパネルはちょっと大げさかな？」と思っていたのですが、「たとえ電気が底をついても、必ず充電できる」という安心感は想像以上に大きかったです。いまではこれなしの避難生活は考えられません。

ポータブルバッテリーと、ソーラーパネルは2つで1セット。
自力で電気を蓄える力を手に入れ、心を軽くしていきましょう。

③ モバイルバッテリー

電力の確保はポータブル電源がメインですが、それを補助するものもあると便利です。

というのも、被災時は充電したいものが多いのに、充電用のコンセントは限られてしまうからです。

そこで、より小さな電源であるモバイルバッテリーを、いくつか用意しておくと重宝するでしょう。

後述しますが、特に災害時の情報収集にはスマートフォンが欠かせません。そのスマホの充電が切れてしまうことは、大きな不安やストレスにつながってしまいます。

そうならないためにも、１台のモバイルバッテリーを家族で共有するのではなく、各自が１～２個持っておくのもよいでしょう。

２個以上あれば、一方を使いながら、もう一方を充電することができますので、充電切れの心配を減らすことができます。

ちなみに私は自分用にモバイルバッテリーを３個確保しています。

なおモバイルバッテリーの選び方ですが、スマートフォンを数回充電できる容量があると安心です。具体的には、およそ１００００mAhくらいが１つの目安です。

また、速く充電できるとなにかと便利ですから、高速充電の規格をチェックするのもありですね。

規格が多くてややこしいのですが、「USB PD（USB Power Delivery）対応」、あるいは「Quick Charge 対応」、もしくはＡ（アンペア）が２・１以上のものを選んでおくと、お求めにかなうと思います。

④ 充電式乾電池は少し多めに

被災期間が長くなれば、乾電池の使用頻度も上がります。

でも、使い切りのタイプを何十本も用意するのは手間もお金もかかりますし、場所もとります。

そこで、充電式乾電池を用意しましょう。ポータブル電源で充電しながら使えば、もう乾電池を何度も買う手間は要らなくなります。

最近のものは約２０００回もくり返し使えるものもあり、長い目でみればお金の節約にもなりますし、環境にも優しいです。

なお災害時に天候が悪いと、先のソーラーパネルでも充電が追いつかないことも考えられます。

そうした場合に備えて、充電式乾電池は必要な本数よりも多めに用意しておきましょう。充電してから保存しておけば、仮に雨の日が続いたとしても不安が軽減できます。

もちろん日常生活でも使えますから、電池交換の際もローテーションで使い回すことができて便利です。

日々の生活でもよくお世話になる乾電池。普段から生活に溶け込ませていきましょう。

⑤ ＬＥＤライトは身近なものもフル活用

ここまで、電力の確保という視点から見てきました。

次は、実際に電気を使うグッズについても見ていきましょう。

停電時、欲しいものの筆頭は「明かり」です。

明かりがなければ、夜は真っ暗闇になってしまいます。足下もおぼつかなくなり、転倒やケガの危険も増加。精神的にも、無用な不安も湧いてきてしまいます。

そうならないためにも、明かりは最初に確保したいものです。

いわゆる防災用のＬＥＤ懐中電灯やランタンなどがたくさん売られていますので、それを購入するのももちろんよいでしょう。

ただわざわざ買ったものの、日頃全く使わなくなりがちなのもこうしたライト類。

そこで、すでに身の周りにあるＬＥＤライトを活用するのもおすすめです。

たとえば、ほとんどのスマートフォンにはライト機能が最初からついています。

光量としても、十分懐中電灯の代わりがつとまります。

機能を呼び出しやすいように工夫されていることも多いので、緊急時でも便利に使えるでしょう。

また、自転車のライトも、取り外しできるタイプであればぜひ活用したいもの。

夜道を照らす自転車のライトは光量が大きく、室内を照らすのに十分な明かりが得られることも多いです。

明るさの単位としては「ルーメン」がよく使われおり、おおよそ３００ルーメンで、30Wの電球とだいたい同じ明るさが得られます。もっと小さいものでも、懐中電灯代わりに使うのであれば十分でしょう。

これから購入するのであれば、こうした数値も参考にしてみてください。

また意外に持っている人が多いのが、コンサートのときに使われるペンライト。

これも懐中電灯代わりになります。もしクローゼットの奥深くにしまっているなら、防災用品の仲間として活用してみましょう。

なお、アウトドアブランドが販売するキャンプ用のランタンは、防災用としても優れています。

クラシックなデザインのランタンはインテリアとしても映えますし、暖かい灯りでリラックス効果が得られるよう、光が工夫されているものもあります。

こうした付加価値の高いＬＥＤランタンであれば、夜は常夜灯として使うなど、日々の生活に組み込みやすいですね。

意外と身近にあるＬＥＤライト類。無駄なく防災に活かしていきましょう。

⑥ 頼れるラジオ、ワイドＦＭ対応でなお安心

テレビのある生活が当たり前の私たち。ニュース番組を情報源にしている人も多いと思います。

もし停電した場合でも、ここまでお伝えしてきたグッズを駆使すれば、テレビも見られないことはありません。

しかし、テレビを見ることは基本的に受け身ですから、欲しい情報を得るまで時間がかかります。ずっとつけておきたくなる上に消費電力も比較的大きいですから、貴重な電力が枯渇してしまいがちです。

他にも使いたい電気製品はいろいろありますので、電力はここぞというときのために温存しておきたいもの。

そんなとき、省電力のラジオが活躍してくれます。

先の一覧でもお伝えしたように、ラジオの消費電力はとても少ないので、常に流し続けておいても大丈夫。

そういった理由もあり、災害時のラジオ番組は、防災情報を積極的に発信してくれます。

不安で心細くなりがちな非常時ですから、リアルタイムな情報はもちろんのこと、伝えてくれる人のあたたかい声やはげましの言葉が、大きな力になることでしょう。

ラジオは防災向きのメディアなのですね。


選び方のコツですが、ワイドＦＭ対応のものがおすすめです。

ワイドＦＭとは、災害時などのためにＦＭ放送でＡＭの番組が聴けるもの。

元々ＡＭ放送は建物の中では聞こえにくい傾向があり、建物が倒壊して電波が邪魔されてしまうと、大事な情報を聞き逃してしまう可能性があります。

そんな場合でも、ワイドＦＭ対応のラジオなら比較的安心です。


なお、「防災用」と名づけられたラジオには、いろいろな機能が追加されているものがあります。

手回しで充電できたり、ＬＥＤライトが搭載されていたり、ソーラーパネルが付いていたり、バッテリー内蔵でスマホを充電できたり…などなど。

いろいろできて一見便利そうなのですが、デメリットもあります。値段が高くなることもそうですが、機能が複雑なものは、使い方も複雑なことが多いもの。日常生活でもあまり使わず、いざというときに使い方がわからない、という落とし穴には気をつけたいものです。

また、ラジオの消費電力は少ないため、手回し式の充電は有効です。

しかし、それ以外の機能をつかうには労力がかかりすぎ、現実的ではないものもあります。ただでさえストレスが多い災害時に、余計な疲労は避けたほうがよいと私は思います。

先にお伝えしたポータブル電源やモバイルバッテリーを準備しておけば、十分に電気は確保できます。本当にその追加機能がラジオに必要か、立ち止まって考えてみるのもよいでしょう。

道具は結局シンプルなほうが役に立ちますし、愛着も湧いて長く使えるものだと私は思います。

ともあれ、こうした点に気をつければ、ラジオは避難時にとても頼りになるもの。

日頃ラジオをあまり聴いていないご家庭でも、この機に省電力と安心感を兼ね備えたラジオを見直しつつ、日頃から親しんでみてはいかがでしょうか？

⑦ スマートフォンは情報収集の主役

これからの災害時の情報収集は、スマートフォンが大きな位置を占めるのは間違いないでしょう。

たとえば、安否確認。音声通話による災害用伝言ダイヤル（１７１番）は有名ですが、ネットにつながるスマートフォンなら、災害用伝言板も利用できます。

検索窓に「Ｗｅｂ１７１」と入力すれば1番上に出てきますので、ブックマークしておくのもおすすめです。

あるいは、Ｘ（元 twitter）などのＳＮＳは、情報収集に便利です。日頃からためになる情報を発信してくれているので、日常生活でチェックする習慣にするのもよいですね。

気象庁防災情報（@JMA_bousai）や首相官邸の災害情報（@Kantei_Saigai）、そして警視庁警備部災害対策課（@MPD_bousai）などなど。

こうしたアカウントをフォローしておけば、信頼のおける情報を、いち早く入手することができます。

他にも防災用のアプリは数多く出ており、そのほとんどは無料です。

たとえばラジオもスマートフォンのアプリになっていますから、1台2役で兼用することもできます。

こうしたアプリをインストールして試しておけば、災害時の情報もスムーズに得ることができるでしょう。

ただ、こうしたデジタルものは機能や使いかたを覚える必要があり、更新や変更も多かったりと、慣れるのにちょっとハードルが高かったりします。

私自身もそうなのですが、ついおっくうになってしまいがちなので、いざというときのために、普段から意識して使うように心がけています。

また、高齢のご家族が離れて暮らしているような場合は、スマートフォンの操作などに不慣れなことも考えられます。まずは私たちがあらかじめ使いかたを覚えて、そのあとしっかり打ち合わせしておきたいですね。

ちなみに、私が安否確認で思い出すのは、13年前の東日本大震災のこと。

あの時は焦ってしまって災害ダイヤルなど頭になく、実家の固定電話や夫の携帯に何度もかけなおしてしまい、なかなかつながらなかった記憶があります。

その時の不安と心臓がドキドキした感覚は、今でも忘れることができません。

そう考えると、今はとても便利なアプリやＷｅｂサービスがたくさんありますから、安心材料も多いということですね。

スマートフォンという武器を使いこなして、前向きに災害に備えていきましょう。

⑧ アナログの良さを再確認、湯たんぽ

ここまで電気のお話ということもあり、デジタルなものばかりお伝えしてきました。

しかし停電したからといって、必ずしも電力を使うことだけが解決策とは限りません。

たとえば暖房関係。消費電力が大きいため、家電製品は電力が貴重な避難時には不向きな面があります。

そこで、ねこにも人にも使えて、しかも手軽に暖をとれるのが「湯たんぽ」です。電気が止まっていても、カセットガスコンロがあればお湯が沸かせますので大丈夫。消費電力が大きいホットカーペットやエアコンが使えないときでも暖を取れます。使い捨てカイロも便利ですが、昔ながらのお湯を入れる湯たんぽなら、お湯さえ沸かせれば何度でも使えて環境にも優しく、水の節約という面でも優秀です。

なにより、ねこにも使えるのが嬉しいポイント。

ねこは暖かい場所を作ってあげることで安心して寄り添ってくれます。

ねこ自身にとっても、それを眺める私たちにとっても、辛いときに大きな癒しになることでしょう。

なお湯たんぽは専用のものでなくとも、要は容器にお湯が入っていればＯＫなのですが、注意点もあります。

たとえばペットボトル。種類によって耐熱温度が違うため、50℃程度のお湯を入れただけで変形したり、溶けてしまう可能性があります。非常用の飲料水はペットボトルが多いですから素材には事欠かないのですが、要注意です。

なお、キャップがオレンジ色のペットボトルであれば、比較的耐熱温度が高めになっているようです。

たまたま家にあれば使ってもよいですが、代用品をわざわざストックするよりも、やはり専用の湯たんぽが安心ですね。

ちなみにわが家では、ねこ用に小型の湯たんぽを用意し、日頃から利用しています。

特に、体温調節が苦手な高齢期のねこや、子ねこを保護したときには重宝します。冬になると私自身も使っていますが、足下が暖かいと快適です。

平時も非常時も、そして人にもねこにも便利な湯たんぽ。

この機に見直して、普段の生活でも使ってみてはいかがでしょうか？

⑨ 冷蔵庫が止まったら、クーラーバッグと保冷剤で

先の一覧表にもありましたが、冷蔵庫の消費電力は大きいものです。少ないものでも２５０Ｗ、多いものだと６００Ｗほどあります。防災用に小型の冷蔵庫を用意していればよいのですが、それもなかなか手間ですね。

そんなときは、保冷剤や氷枕などをつかって即席冷蔵庫を作りましょう。

そうすれば電力を節約しつつ、停電時にも冷蔵庫の中の食品をある程度、長持ちさせることができます。

具体的には、停電したらまず、冷凍庫の物をクーラーバッグなどに移します。発泡スチロールの箱でも代用できます。そこに、ストックしておいた保冷剤をいれましょう。

保冷剤については、食品を買ったときにおまけでついてくるものよりも、専用で売っているものの方がずっと高性能です。値段もさほど高価なものではないので、この機に買っておき、普段から冷蔵庫で凍らせておくのもおすすめです。

即席の冷蔵庫ができたら、悪くなっては困るものから調理し食べていきましょう。

すぐに非常食や防災食に頼るのではなく、目の前にある食材から使いきります。そうす

れば仮に何十時間も停電が続いたとしても、ムダになる食品はかなり減らせます。

大切な食材ですから、少しでも無駄にしないための準備もしておきましょう。

⑩ ねこは暑さが苦手、省エネ扇風機

日本の夏は、年々気温が高くなる傾向にあります。

ねこにとっても暑さは大敵。ねこは肉球以外の皮膚から汗を出せないので、体温を下げるのが苦手なためです。

あなたのねこを熱中症から守るために、備えておくのも在宅ひにゃんです。

そこで用意しておきたいのは、省エネの扇風機。

そもそも扇風機自体、エアコンに比べて消費電力が１／10以下と言われており、冷房器具としてはかなり省エネです。

しかし、近年はさらに省エネ化が進んでいます。たとえば、以前の扇風機はＡＣモーターという交流の電源で動作するものでしたが、近年はＤＣモーターという直流の電源が採

用されているものもあります。これにより消費電力がさらに低くなるだけでなく、細かい風量調整ができるようになり、使い勝手も良くなりました。

ポータブル電源のところでお伝えした扇風機の消費電力は、約2～50Wと大きな幅がありますが、それはこうした理由によるものです。

ちなみに、微風に設定した上で首振り機能をオフにしておけば、かなり節電しながら使うことができます。細かいワザですが、覚えておいて損はないですよ。

日頃エアコンだけで十分、という方でも、防災用に扇風機を見直してみるのもよいですね。

なお、小さい卓上扇風機などであれば、さらに省電力になります。モバイルバッテリーでも十分動かせる消費電力の小ささは魅力です。持ち運べるほど小さいものもあります。私も夏の外出用に1個購入しましたが、意外に使い勝手もよく重宝しています。

またアナログではありますが、うちわや扇子も押さえておきたいところ。お手軽に買える値段ですし、保管に場所を取らず、電気も使いません。

もちろん、エアコンや扇風機ほどには涼しくならず、手動の煩わしさにイライラするかもしれませんが、そこは気の持ちよう。

気持ちだけでもねこのようにゆったりと、うちわで一緒に涼むのも一興ではないでしょうか。

⑪ ねこの抜け毛は待ってくれない。ハンディ掃除機

ご存知のように、ねこの毛は毎日のように抜けます。

寒い季節は減りますが、春先から秋にかけては、掃除は毎日必須ですよね。

それは、節電が必要な避難時も例外ではありません。

そうなると気になるのは、掃除機の消費電力。

実は掃除機は、消費電力の差がとても大きい家電製品です。

たとえばキャニスター型と呼ばれる、コンセントから電源をとるタイプの大きな掃除機。

紙パック式のものだと、最大消費電力は１０００Ｗを超えるものもあります。サイクロン式なら多少電力は抑えられますが、それでも最大で約７００Ｗにもなります。

一方、ハンディ型やスティック型と呼ばれるタイプは、充電時の消費電力は約20～30Ｗ。

ある程度の時間充電する必要があるとはいえ、かなりの電力を節約することができるでしょう。

もちろん防災時だけでなく、普段の生活での電気代も変わってきます。あなたの掃除機はどれくらいの消費電力か、ぜひチェックしてみてはいかがでしょうか。

なおこうした機種選びに加えて、日頃の使い方でも節電はできます。

弱モードで使うようにすることや、頻繁にオン・オフを切り換えないこと、フィルターの掃除をこまめにする、などです。

こうやって節電の工夫を積み重ねていけば、十分にポータブル電源でまかなうことができるでしょう。

部屋もキレイで、あなたもねこもスッキリ清潔。そんな在宅ひにゃんがおすすめです。

この章では、停電に備えた準備についてお伝えしてきました。

ここに書かれた内容をもとに、グッズを買い足すもよし、買い換えるもよしですね。

電気が止まっても慌てず騒がず、ねこと仲良く乗りきっていきましょう。

第5章

「ガスが止まった！」でも大丈夫！

ガスについて知っておきたいこと——準備の前の注意点、ガスの元栓を閉める！

あなたの家では、ガスを使っていますか？

オール電化の生活環境も増えつつある昨今ですが、まだまだガスを使用しているご家庭が大半かと思います。

だからもし、災害で急にガスが使えなくなったら、多くの人が不安になってしまうことでしょう。


でも、大丈夫です。

もちろんガスが止まったら不便ですし困りますが、断水や停電ほどの決定的な影響はないからです。

しかも、ガスの代用品は身近なものばかりで、もうすでに持っていたり、手に入れやすいのです。

たとえば、ガスコンロ。

多くのご家庭に、卓上のカセットガスコンロがあると思います。これなどはガスが止まったときでも使える代表的なものです。

そして消耗品のカセットガスボンベは、コンビニやスーパーなど、多くの店で手に入ります。

このように、仮にガスが止まっても、今あるものでなんとか対応できることも多いのですね。

さらに前もってガスの代用品を準備していれば、万全といえるでしょう。

とはいえ、ガスには大切な注意点があります。

それは、

「異変を感じたらすぐに、ガスの元栓を閉めること」。

これは準備以前の、大切なお約束になります。

なぜなら万が一ガス漏れしたら、人よりに低く床に近いねこに、先に影響が出ることも考えられるからです。

特にプロパンガスは空気より重く、下に溜まります。私たちが気づくより先にねこが吸ってしまい、一酸化炭素中毒になってしまうことも。そんなことは絶対に避けなければいけませんね。

一方で、都市ガスは空気より軽く上に溜まりますが、一定の濃度を超えると静電気で爆発する危険があります。人間でもひと息吸っただけで、意識を失うこともありえます。

だから準備の前に、まず元栓を閉めること。

ガス漏れや火災防止のために、ここを再確認することからスタートしましょう。

そして、**ガス器具を扱うときは、換気に注意する**こと。

もし電気が使えるなら、必ず換気扇を回しましょう。窓も2カ所ほど開け、風の通り道をつくってあげるとなお良いでしょう。

もし部屋に窓がないときはドアを開け、可能なら扇風機などを部屋の外に向けて回せば、部屋の外に空気が流れてくれます。

在宅ひにゃんでは不便を解消することも大切にしますが、それよりも安全が先なのは当然ですね。

この考え方をまずはふまえた上で、次にあれば安心、準備したおきたいものを見ていきましょう。

ガスまわりの防災グッズ一覧

・卓上カセットガスコンロ
・寒冷地用のカセットボンベ
・キャンプ用のガスバーナー
・直火にかけられる調理器具
・耐熱グローブ
・着火器具
・カセットガスストーブ

ガスまわりの防災グッズ詳細

ガスタイプのカセットコンロは、防災の必需品

　カセットコンロは、防災の必需品です。

電気やガスが止まってもカセットコンロが1台あれば、十分料理をすることができます。

避難時に温かい食事ができることは、肉体的にも精神的にも大きな助けになります。

お湯も沸かせますから、湯たんぽなどで暖をとることもできます。

防災用としてだけでなく、日常的にも使える上に、キャンプなどでも活躍してくれます。


　このように、とても便利なカセットコンロ。

もし被災してしまったら、かなりの頻度で使う可能性が高いです。日頃から定期的に使って、故障がないかチェックするようにしましょう。また、予備のカセットボンベも多め

に買っておき、ローリングストックすることもおすすめです。

なお最近は、ＩＨのコンロやＩＨのクッキングヒーターなども出ています。

でもやはり、ガスのタイプを１台は用意しておきたいものです。

というのも、ＩＨは停電時には使いにくいためです。

たとえポータブル電源があったとしても、消費電力が大きすぎて動かない可能性がありますし、仮に動いたとしても、消費電力の大きさがネックになります。機種によって違いはありますが、中火程度でもおおよそ７００Ｗ程度を消費します。

かなり出力が大きいポータブル電源でも、貴重な電力を大量に消費してしまうでしょう。

一方、カセットタイプのガスならコンビニでも買えますし、入手が容易なので安心です。

お値段もお手ごろですから、備蓄にも向いています。

こうしたこともあり、卓上コンロはガスタイプを押さえておきましょう。

また、カセットコンロだけで料理することに慣れておくことも大切です。

在宅避難時はなにかと不便が多い環境ですから、普段食べ慣れた美味しいものが食べられると、元気も出てきます。

普段からカセットコンロを使って、簡単な料理をいろいろ作ってみるのも楽しいものです。

在宅避難の練習ということであれば、それほど味も品数も求められないと思います。軽い気持ちで、1品だけでも作ってみてはいかがでしょうか。

実は、この本の執筆中に備え付けのガスコンロが故障してしまい、卓上カセットガスコンロ生活を1週間ほど送りました。「これは練習のチャンス」と思い、いろいろ料理を作ってみたのですが、やはり普段とは勝手が違いました。

たまにカセットコンロを使っていたといっても、それは寄せ鍋やすき焼きなどの限られたメニューだけ。いつもの食事を毎回作るとなると、やはり不慣れであることを感じずにはいられませんでした。

とはいえ、何度か作っていると慣れてきて、だんだん手際も良くなるもの。数日後には不便さも感じなくなり、いざというときにも大丈夫！という安心感が湧いてきました。

ちなみに前の章でもお伝えした、暖をとるための「ゆたんぽ」のお湯も、カセットガスコンロがあれば何度でも沸かして再利用できます。

便利で頼れる卓上カセットガスコンロ。

日々の生活の中でも、より親しんでみてください。

氷点下近くになる地域は、寒冷地用のカセットボンベも

とても便利なカセットコンロですが、１つ弱点があります。

それは、低い気温に弱いこと。普通のカセットボンベだと、寒い時期には火がつかないこともあるのです。具体的には気温が10℃以下になると気化しにくくなり、５～０℃以下になるとほとんど気化しなくなるため、使えない可能性が高くなってしまいます。

冬でもそこまで気温が低くならない地域ならよいですが、そうでない場合は、厳しい寒さの中で火がつかないという、危険な状況になってしまうことも。

そうならないために、寒冷地用のカセットボンベを用意することも検討しておきましょう。普通のものよりもお値段はアップしてしまいますが、気温が０℃以下になっても、安定した火力を発揮してくれます。

もし違いがよくわからない場合は、成分をチェックしてみてください。

安いものだと「ブタン（ノルマルブタン）」が主な成分です。表示としては、「液化ブタン」と書かれていることが多いでしょう。通常の使用では全く問題ありませんが、寒い時期には向かないことは先にお伝えした通りです。

一方、寒冷地でも使えるタイプは、「イソブタン」が主成分となっています。「液化イソブタン」と表記されていることが多いです。さらに高価なものだと、より寒さに強い「プロパン」が含まれているものもあります。

便利で頼れるカセットコンロ。それだけに使えないとショックも大きいですから、事前に備えておきましょう。

サブで買うなら、キャンプ用のガスバーナー

もしご家族の人数が多いなら、カセットコンロ１つでは心もとないかもしれません。買い足すのもありですが、普段２つも使わないのに場所をとるのは悩ましいですね。

そこで2つ目としては、キャンプ用のガスバーナーも選択肢に入れてみてはいかがでしょうか。

キャンプ用品は省スペースにつくられていますから、普段使わないときでも場所をとらないメリットがあります。

また、キャンプに出かけたときなどにも使えますし、あるいは最近流行っているベランダでのキャンプ、ベランピングなどでも使えます。

アウトドア用のグッズだけに、雰囲気も出て楽しいものです。

キャンプ用ガスバーナーの選びかたですが、使用する燃料によりいろいろなタイプがありますので、お好みに応じて選びましょう。

燃料は、家庭用のカセットガスをそのまま使えるものもありますし、専用の小型ガスカートリッジを使うものも選べます。ガソリンを使えるものもあるほか、アルコール、あるいは固形燃料を使うものなど、多種多様。

バーナー部分も1つのものもあれば、2つのものもあり、デザインも多種多様でいろいろなタイプから選べるのも、キャンプ用ガスバーナーの面白いところです。

ちなみに燃料については、縦長の家庭用のカセットボンベのことを「CB缶（カセットボンベの略）」と呼ぶこともあります。やや丸いアウトドア用のものは「OD缶（アウトドアの略）」です。

これらはそれぞれ別の規格ですから、間違えて買わないようにしましょう

なおガソリンを使うバーナーは、操作にちょっと手間がかかるタイプが多いです。

そういう意味ではやや使う人を選ぶのですが、車があるご家庭でしたらガソリンタンクから抜けば燃料を共有できますので、大量に燃料を確保できるメリットもあります。車があるご家庭であれば、安心感の高さから候補に入れてもよいと思います。

なお自動車のガソリンを使う場合は、ハイオクではなくレギュラーガソリンを使用しましょう。またバーナーもホワイトガソリン専用ではなく、無鉛ガソリン対応のものを選べば安心です。

サブとして、ちょっと遊び心があるものを買ってみるのもよいかもしれませんね。

いろいろ悩みながら選ぶのも楽しいものですので、家族会議なども開きつつ選んでみてはいかがでしょうか。

直火にかけられる調理器具は、楽しいものが多い

火力を確保してほっと一安心と思いきや、意外と盲点になりがちなのが鍋やフライパンなどの調理器具です。

普段ガスコンロだけを使っているのであればよいのですが、もしＩＨを使っているのであれば要注意。

というのも、ＩＨ「専用」の調理器具は、直火にかけることができないからです。そこに気づかないと、十分に火力はあるのにほとんど料理ができない、という残念なことも起こりえます。

そうならないためには、表現が似ていてややこしいのですが「ＩＨ専用」ではなく、「ＩＨ対応」の器具を選びましょう。「対応」であればＩＨでも直火でも、両方で使えますので

大丈夫です。

また、避難しているときこそ、ちょっとお湯を沸かしてコーヒーでも、といった余裕を持ちたいものですね。

そんなとき、いちいち大きなやかんでお湯を沸かさずとも、直火にかけても大丈夫なマグカップなどがあれば重宝します。器が小さければ洗う際の水も少なくて済みますから、一石二鳥です。

マグカップ以外にも、シェラカップやメスティンなど、キャンプ用品には、直火でも使える実用性を備え、デザインもユニークでおしゃれなアイテムが多くあります。

こうした機能美があるシンプルな道具は、使っていると愛着が湧きやすいのも利点です。意識せずとも防災グッズに親しむことができますから、日常と防災の間にある境界を乗り越える、さりげない後押しになってくれることでしょう。

特別感がなくなって、普段の生活がそのまま避難の準備になる。

この機会に、そんな調理器具をとり入れてみてはいかがでしょうか？

鍋つかみより安心、耐熱グローブ

使う器具もちょっと変わり、日頃の生活とは勝手が違ってくるのが在宅の避難。炊事の最中でも、ちょっとした不注意からやけどを負ってしまうことなどは、避けたいものですね。

防災グッズに日頃から慣れ親しんでおくことが大切なのは言うまでもないのですが、ちょっとしたコツで、さらにそのリスクを減らすこともできます。

その代表的な例が、鍋つかみです。

鍋つかみは、女性であればおしゃれでかわいいものを選びたくなりますから、厚手のコットンのものも多いですね。ただ、そういったものは耐熱温度はあまり高くないので、いざというときに不安が残ります。

安心感を増すための選びかたのコツは、やはり素材です。

製品によって違いがあるのであくまで目安ですが、シリコンのものは約２００℃近くまで、牛革製のものであれば作りによっては300℃まで耐えられるものもあります。

この耐熱温度300℃以上が、キャンプ用品の安全性という意味では1つの基準になっているようです。たき火やバーベキューなどで使うことを考慮した目安ですが、ガスバーナーなどを使う可能性も考えると、参考にしたい数字ですね。

なお、消防士の防護服などにも使われているアラミド繊維のグローブであれば、耐熱温度は500~800℃にもなります。

ややオーバースペックかもしれませんが、何にでも手を突っ込める安心感が欲しい方は、検討してみてはいかがでしょうか。


また、素材以外の選ぶポイントとしては、ショートタイプかロングタイプか、という違いもあります。

手首より上まですっぽりカバーするロングタイプがより安心なのは言うまでもありません。

でも、大きすぎて使い勝手が悪いものは、使わなくなってしまう原因にもなります。日常生活に溶け込ませることをおすすめする在宅ひにゃんとしては、あなたの感覚を重視しながら選んでいただきたいと思います。

ちなみにわが家では、牛革製で耐熱温度３００℃、手首のちょっと上あたりまでカバーしているタイプのものを使用しています。

牛革とはいえ、ラインナップにはオレンジやレッド、ブルーといったカラフルなものが用意されているので、デザイン的にもそこそこ満足しています。

忘れがちな着火器具

在宅避難時の火力は、カセットガスコンロが中心になることはすでにお伝えした通りです。

ただそれとは別に、火をつけることのできるアイテムも用意しておきましょう。

というのも、カセットコンロの点火装置は故障する可能性がありますし、ガスバーナーなどのキャンプ用品も併用するのであれば、点火用の火が必要になるからです。

せっかく道具を揃えても、肝心の火をおこすものがなくては使えない、では悲しいですよね。

もし寒冷地方にお住まいで、ストーブなどの点火などで日常的に使うことが多いなら、すでにお使いのものをローリングストックすれば十分でしょう。

普段の生活ではあまり使わないという方は、安価なもので十分ですので入手しましょう。

たとえば、カチッと押すだけで火がつく小型のガスライターは、１００円均一のお店でも手に入れることができます。先が長くなっているタイプのほうが、火元から手を離すことができ、安心感も高まります。


もう少し風情が欲しいという方には、あえてマッチもおすすめです。

その場合はロングタイプのマッチを選ぶとよいでしょう。

マッチも１００円均一のお店や、ホームセンター等で入手できます。コンビニでも取り扱っている場合もあるようですが、店頭に並んでおらず、店員さんに頼んで出してもらうお店もあるようですのでご参考までに。


意外と忘れがちな着火器具、押さえておいてください。

電気に依存しがちな暖房、カセットガスストーブという選択肢も

暖房は電気に頼っているご家庭も多いと思います。

エアコンやホットカーペット、こたつ、ファンヒーターや電気ストーブ…

いずれも普段は便利なものですが、消費電力も大きいため、いざ停電になったときに使えないとショックも大きいですよね。


そんなときの保険として、カセットガスストーブという選択肢があることも、知っておいて欲しいと思います。

文字通り、カセットガスを燃料として使えるストーブです。


燃料をカセットガスコンロと共用できるため、新たに備蓄しなくてもよいのも大きなメリット。

コンパクトなため手軽に持ち運べるのも利点で、小さな部屋に移動して効率良く暖めることもできます。

電気が止まったときへの備えとして、あって損はない便利グッズだと思います。

ただ、弱点もあります。

1つは、カセットガスの特性上、低い気温だと火がつかない可能性があること。

これは先にお伝えした、寒冷地用のカセットガスを用意することで、回避することが可能です。


もう1つは、運転時間が短いこと。

数時間で1本のカセットガスを使いきってしまうため、大量の予備が必要になってしまうのです。

長期の避難になることも想定すると、メインの暖房器具としてはあまり現実的ではないでしょう。持ち運べる利点を活かして、トイレや着替えの際などに、ピンポイントで使うなどがおすすめです。


あくまで緊急用として、もしくはサブの暖房器具として。

カセットガスも使えるということを、知っておいて損はないですね。

第6章

避難生活の質は、
「食事の質」で決まる

防災用の食事と聞いて、あなたはどんなものを思い浮かべますか？

味気ない、レトルトが多い…あまりポジティブなイメージが浮かばない人も多いのではないでしょうか。

栄養素の面でも、非常食は偏りがち。

避難所で用意される食事は乾パンや乾燥させたアルファ米がほとんどですし、支援物資もご飯やパンなど、どうしても炭水化物に偏ります。

また国のデータによれば、アレルギー対応の主食を備えている市区町村は全国でも3割に満たないそうです。

ただでさえネガティブになりがちな避難生活、健康を損なうような食事はできれば避けたいものですね。

でも、大丈夫。

在宅避難であれば、そうした懸念も払拭できます。

自分や家族、そしてねこの好みにあわせて、食品を自分で選ぶことができるのが在宅避難だからです。

普段から食べ慣れている食事はストレスもなく、自分の身体にも合っています。

料理のバリエーションも多いですし、食べることを楽しむことで、むしろストレス解消にもなります。

長期戦になるかも知れない避難生活。

こんなときこそ、いつもの「お家ご飯」の力で、避難生活を乗り越える原動力にしていきましょう。

【食事その1】まずはねこの食事

まずは、ねこの食事からです。

なぜかというと、理由は２つあります。

まず、被災後の混乱時は物流が止まりやすく、キャットフードは入手困難になりがちであること。前もって意識して準備しておかないと、不足しやすいのです。

２つ目の理由は、人間の非常食は、ねこが食べるには適さないからです。

詳しくは後述しますが、ねこが必要とする栄養素はたんぱく質が中心で、人間のようには炭水化物を必要としていません。にもかかわらず、防災時の食事は米やパンなどの炭水化物が多くなってきます。

人間の食事を分け与えないといけないときでも、ねこの健康を損ねてしまうことは避けなければいけません。

そこで、まずはねこの食事編からお伝えしていきたいと思います。

キャットフードの備蓄は大切！

先にも触れましたが、災害時には人間の食料さえ確保が難しくなります。流通も滞る可能性がありますし、自治体から支給されるとしても、それは人間向けのものだけ。キャットフードが底をついてしまったら、しばらく手に入らない可能性が高いのです。

そのため、キャットフードは最低でも1カ月分は備蓄しておきましょう。たとえ流通がなかなか元に戻らなくとも焦らずに済みます。

特に療法食などを食べている場合はさらに入手困難になりますから、多めの備蓄が安心です。

たとえば、普段から腎臓ケアのキャットフードを食べているのであれば、入手困難になる前に十分確保しておきましょう。備蓄スペースに余裕があるなら、一般的なキャットフードよりも多めに、**2、3カ月分のストックができれば理想的**です。

もし動物病院から療法食をもらっているようなら、獣医さんに相談して多めに療法食を出してもらいましょう。

また、普段何気なくあげているキャットフードですが、パッケージの裏には年齢や体重に合わせた**適正量**が載っています。この機にそれをチェックするのもよいでしょう。もし食べさせすぎていることに気づいたのなら、この機に適正な量にしてみるのもあり。可愛くおねだりされるままにあげてしまっていたのを管理して、健康的にダイエットをしてもらうのも一案ですね。

ちなみにわが家では、適正量より多く食べさせていることに気づきましたので、夜間の置きエサをやめました。

このように、チェックポイントが多いのがねこのご飯。

事前に準備して、ねこの健康を守ってあげましょう。

避難時こそ、ねこにはいつもの大好物を

ねこと暮らしているあなたならご存知のとおり、ねこには食べものの好き嫌いが激しい子がけっこういます。

ねこは非常時だからといって、なにかをガマンしてくれる、などということはありません。気に入らないご飯は意地でも食べない場合があるので、各ねこの好みに合わせて、銘柄選びにも注意を払いたいものです。

また、避難時は、私たちに大きなストレスがかかってきます。

でもねこが感じるストレスは、それ以上である可能性が大きいのです。

ねこは環境の変化に敏感な生き物。私たちの気持ちも想像以上に察知しています。

「いつもと何かが違う！」と感じて、神経質になる子もいるでしょう。

そのストレスの上に、好みではないご飯、食べ慣れないご飯ばかりになってしまったら…。食欲不振になることも十分考えられますね。

こんなときだからこそ、あなたの**ねこの大好物を用意してあげたい**ものです。

私たちが好きな料理を食べて元気を出すように、ねこも大好きなご飯を食べれば、元気を取り戻せるのです。

言い換えれば、ねこは防災用に特別なフードを用意する必要はありません。**いつもの好きなご飯を、切らさないようにあげる**こと。

災害時は、それがねこのメンタル面までケアすることにつながります。

普段から好き嫌いを把握しつつ準備して、ねこに喜んでもらいましょう。

ねこのおやつについて

私たちはコーヒーを飲んでちょっとひと息、といった時間が嬉しいものですね。

そうした時間が好きなのは、人もねこも同じです。

ねこの場合、それは「おやつ」ということになるでしょう。


ぜひ避難時にも、いや**避難時だからこそ、大好きなおやつを用意しておきたい**ものです。

ねこの好みに合わせて数種類用意し、ここぞというときに食べさせてあげれば、ねこのストレス対策になります。


キャットフードと同じで、ねこのおやつもいろいろなものが売られています。

最近では総合栄養食タイプのおやつもあり、食事としての役割を果たすものもあります。

食が細くなりがちな高齢ねこや、食欲がなくなったときにも使える便利なお助けアイテムです。

もちろん、品質へのチェックは欠かせません。

添加物不使用、国内工場生産などの基本は押さえつつ、必要以上に糖質を含んでいないか、グレインフリーかどうか、といった点もチェックしてみてください。

おやつタイムは、ねこにとって嬉しい時間。私たちにとっても、ねことのコミュニケーションをとれる、やっぱり嬉しい時間。

たかがおやつ、されどおやつ。用意しておきましょう。

ねこも人も、お皿はラップを巻いてから

断水したときは、水がとても貴重になります。飲料水だけでなく、生活用水も貴重です。

そこでありがちなのが、水を節約するため、ねこの食器を洗わずに何日も使ってしまうこと。

しかし言うまでもないことですが、それは衛生面でねこに良くありません。汚れた器が置かれていることは、私たちの心情にもマイナスになりがちです。

そんなときに使いたいワザが、**お皿にラップを巻く**ことです。

食器が直接汚れずに済みますから、洗わなくても巻き直すだけで清潔が保てます。水の節約にもなり、衛生面も清潔ですので、一石二鳥です。

ただ、ねこのお皿に関しては、注意点もあります。

ラップが巻かれていると、そのにおいか感触が気になるのか、ご飯の食べが悪くなる子もいるのです。また、異食のクセがあったりラップを誤食しそうなときは、無理して食べさせるのはＮＧ。ねこにストレスがかかってしまいますから、その子のお皿はラップを外しましょう。直接お皿にフードを出し、食べ終わったら、すぐにウェットティッシュで拭きあげます。

最後だけ、少量の水で流してから除菌スプレーやウェットシートで拭けば、十分清潔を保てますよ。

水の節約は大切ですが、それより大切なのはねこの気持ち。防災のテクニックよりも、ねこに寄り添う心構えを大切にしたいですね。

ねこの飲み水も、忘れずケア

ご飯に続いて、ねこの飲み水にも気を配っていきましょう。

ねこは嗅覚が優れているので、ささいな変化にも気がつくためです。

水が汚れていたり容器が不潔だったりすると、飲まなくなってしまうことも。その状態が続けば、心身に悪影響が出てくる可能性もあります。

水はこまめに取り替え、常に清潔な水を準備してあげましょう。


とはいえ、避難時は節約も両立したいものですね。

水を節約するためには、**器に残った水で器を洗う**ことがおすすめです。その後除菌して容器を拭きあげ、その上で新しい水を入れればかなり水を節約できます。


なお、気をつけたいのは、**除菌に何を使うか**です。

第3章でもお伝えしたように、ねこの体はアルコールを分解できません。少しでも体内に入ってしまうと元気がなくなったり、下痢や嘔吐をしてしまうことも。

スプレーやウェットシートなどは人間の除菌グッズとしては身近なものですが、アルコールを使っているものは避けましょう。次亜塩素酸系のものであれば、比較的安全です。なお次亜塩素酸のものであっても、ねこが吸い込むことのないよう、スプレーではなくウェットティッシュタイプを選ぶとさらに良いでしょう。

そして十分乾燥させ、成分をしっかり飛ばしたあとで、新しい水を入れるようにします。万一スプレータイプの場合でも、あらかじめティッシュ等に吹きかけてから使うなど、ねこが吸い込まずに済むよう最大限の配慮をしてあげましょう。

緊急時には、なかなか気が回らないこともあると思います。

ねこの飲み水は盲点になりがち。忘れずにケアしてあげてくださいね。

それでもねこが食欲不振になったら？

何度もお伝えしていますが、ねこは環境の変化に敏感。

特にデリケートな性格のねこや高齢期のねこは、注意して見守りたいものですね。

それでももし、食欲不振になってしまったら？

そのときは、「**いいにおい**」作戦でいきましょう。


ねこは嗅覚が優れているので、においに反応しやすいからです。

たとえば、フードを温めてにおいを立たせる。あるいは、かつおぶしを少し振りかける。

たったこれだけの工夫で、食欲が戻ってフードを食べてくれることもあります。


特に**かつおぶし**は、人間とも共有できるお助け食材。

塩分が気になる方もいるかもしれませんが、実はかつおぶしの塩分は少なく、1グラムあたり約0・01グラム。

たまにちょっと振りかける程度であれば、ねこの体への負担はほとんどないと言えるでしょう。

乾物ですから賞味期限も長めですし、普段から日常使いをしていれば用意する手間もなくて便利です。


ねこの食欲が落ちてきたなと感じたら、ほんのひと振り「いいにおい」。

覚えておいて損はないですよ。

あげてはいけない！ねこのからだに悪いもの

もし避難生活が長引いたら、キャットフードが底をついてしまうこともあるかもしれません。

飢えさせるわけにはいかないので、人間の食べものを与えざるをえない。そんな事態に陥らないようにしっかり備蓄したいものですが、もし万が一そうなったときのために、知っておきたいことがあります。

「これだけは、ねこにあげてはいけない」食べものです。

×野菜、特に青ネギ、玉ネギ、ニンニク、ニラ

これらの野菜に含まれる「アリルプロピルジスルフィド」という物質が、ねこの赤血球にダメージを与えてしまいます。そのため、ねこが貧血、嘔吐、呼吸困難などを起こすことがあります。

過熱調理してもなくならないため、シチューやハンバーグなども要注意です。

アリルプロピルジスルフィドを含む食材は特に野菜に多いため、シンプルに「ねこに野菜はあげない」と決めておくのもよいでしょう。

×チョコレート、ココアなど

カフェインやテオブロミンといった成分により、ねこに下痢や嘔吐、痙攣発作などを起こす可能性があります。

カカオ含有量の多いダークチョコレートなどは危険です。

チョコレート以外にもカフェインが入った加工食品は多いため、誤って食べられてしまわないよう、保管場所にも注意したいものです。

×牛乳、乳製品

意外に思われるかもしれませんが、ねこは乳糖を消化するのが苦手です。

下痢を起こす可能性があり、消化器系を痛めてしまうこともあります。

他に全く食べものがない非常事態を除き、できるだけ与えないほうがよいでしょう。仮に与えるにしても、短期間にとどめたいものです。

×ブドウ、レーズン

比較的最近知られるようになってきたのが、ブドウやレーズンのねこへの危険性です。原因はまだ詳しくわかっていませんが、猫の腎臓にダメージを与える可能性があり、下痢や嘔吐を起こすこともあります。重篤になった例も報告されています。

クッキーやフルーツグラノーラなど、ブドウやレーズンを含む加工食品は多いので、誤ってねこが食べてしまわないよう、棚や収納ボックスの中などに、しっかりとしまっておくほうがよいでしょう。

×骨のある魚

ねこには魚、というイメージもありますが、安易にそのまま与えるのは避けましょう。ねこは食べものをざっくりとかみ砕いて、あとは飲み込む傾向があるため、のどに刺さったり、詰まったり、歯を痛める可能性があるためです。

もし魚を与えるのであれば、しっかりと骨を取り除くなどひと手間かけてあげましょう。

【食事その2】次に人間の食事

ねこの次は、人間の食事編です。

ねこの安全は、私たち人間のコンディションによって大きく左右されるもの。私たちが食事に気を配ることは、ねこのためでもあるのですね。

不安やストレスの多い非常時だからこそ、心身をケアしてくれる栄養をしっかりと摂りましょう。

ねこのための人の食事編、スタートです。

たんぱく質を意識して選ぶ

在宅ひにゃんでは、**「たんぱく質を積極的に摂る」**ことをおすすめします。

なぜなら、非常食のほとんどが、炭水化物ばかりだからです。

つまりよほど意識して選ばないと、たんぱく質が不足してしまいがちなのです。

作るメーカーの立場からすれば、簡単に加工できて長持ちもするので、儲かりやすいのが炭水化物。いっぽう肉や魚などのたんぱく質は、コストが高い上に管理が面倒で儲かりにくいのです。

私たちの方でも、食べやすくて値段もお手ごろなので、パンや米、パスタなどをついつい手に取りがちです。

その結果が、非常食のほとんどが炭水化物、という現状なのですね。

私見ですが、市販されている非常食の9割以上は炭水化物なのではないか、という印象をもっています。

ちなみに、たんぱく質が不足してしまうと、どうなるのでしょうか。

まず、**たんぱく質は心の健康に直結しています。**

私たちの心を安定させてくれる「幸せホルモン」セロトニンや、集中力やモチベーションをあげてくれる「快楽ホルモン」ドーパミン。そうした神経伝達物質の材料は、たんぱく質からつくられるアミノ酸です。

だからたんぱく質が不足すると、うつ病になりやすいと言われています。

また**たんぱく質は、免疫力にも深く関わっています。**

免疫細胞をつくり出すこと。免疫細胞の働きを強化すること。そして免疫システムを正常に修復すること。

これらの全てに、たんぱく質からつくれるアミノ酸が関わっているのです。

もちろん、**私たちの身体をつくっているのも主にたんぱく質**です。筋肉や皮膚、内臓や骨、そして毛髪や爪なども、たんぱく質が材料。

身体の材料が不足してしまっては、健康を維持することなどおぼつかなくなってしまうでしょう。

このように、私たちの心身すべての健康に欠かせないのがたんぱく質。にもかかわらず、非常食では、よほど意識しないと不足してしまうのです。

ここに、たんぱく質を積極的に選ぶ理由があるのですね。

付け加えるなら、たんぱく質の食材であれば、いざというときに、人だけでなくねこが食べることもできます。

加工食品は塩分が強いことが多いので向きませんが、**塩分やネギ属の野菜、添加物が入っていないものなら、ねこのご飯にもできる**のです。

逆にいえば、ねこは炭水化物を人間ほど必要としないので、パンや米ばかりの非常食では、用をなさないことになります。

人のためにもなり、ねこのためにもなる栄養素。

在宅ひにゃんの食の準備は、たんぱく質を意識して選ぶことから始まります。

非常食ばかりにこだわらなくてよい理由

たんぱく質を重視するのが、在宅ひにゃん流の食事術。

とはいうものの、既存の非常食の中では、たんぱく質の選択肢はあまり多くありません。

せいぜい、牛丼の缶詰や焼き鳥の缶詰などが主なところでしょう。いずれも塩分も強めのものが多いですし、好みもあるでしょうが、毎日食べるにはちょっと辛《つら》いかもしれません。

また、非常食は値段が高いですから、家族全員の食事をまかなうとなると、経済的な負担も無視できませんね。

でも考えてみれば、なにも非常食として売られているものばかりが防災用の食事ではありません。

たとえば日頃から食べているツナ缶やサバ缶、コンビーフなども、十分に長期保存がききます。缶詰だけでなく、レトルトパウチも十分な選択肢になるでしょう。

あるいはチーズやかつお節など、昔ながらの食品も比較的保存がききますから、大いに助けになるはずです。

他にも、消費期限が半年以上あるものであれば、立派な防災用の食品と言えます。

なおご参考までに非常食の定義は、賞味期限が36カ月以上で主に災害時に使用するもの、だそうです。

立場上、長期間かつ大量に備蓄し続けなければいけない人には重宝するのは間違いありません。

しかし私たちの避難生活が3年以上続くことは少なく、個人で用意する分にはそこまで持たなくて大丈夫なのです。

ローリングストックができていれば、賞味期限は半年もあれば余裕をもって消費し、補充することができます。

ちなみに賞味期限が6カ月以上で、日常的に使用するものは日常食品と呼ばれます。備蓄食品として活用することを、国も推奨しています。

日頃から食べているたんぱく質の日常食品を、ローリングストックしましょう。この考え方は、もちろんたんぱく質以外の食品についても、おなじように当てはまります。

非常食にこだわらず、栄養があって、美味しくて、かつお手ごろ価格で。

そんな備蓄をしたいものですね。

ねこと人、共に塩分をチェック

手に入りやすく比較的長持ちする食品といえば、缶詰を思い浮かべる人も多いと思います。なじみもあり、値段もお手ごろですから、多めに備蓄している人も多いことでしょう。

でも実は、在宅ひにゃん的には、缶詰には注意が必要だと考えています。

というのも、**塩分**の多いものもあるためです。

過剰な塩分は私たち人間にとって高血圧を招いたり、むくみの原因にもなります。

それを日常生活でローリングストックして食べたり、非常時に連続して食べるとなると、健康への悪影響が気になります。

また、何度かお伝えしているように、**ねこには強い塩分や害になるネギ属の野菜は厳禁**です。ねこは人間と違い、汗を出して調整することができません。味の濃い缶詰などを与えてしまうと、腎臓や心臓へ負担をかけてしまいます。

災害時にはキャットフードの備蓄が切れてしまうことも考えられますから、そのような塩分を与えざるをえない状況にならないよう、前もって注意したいものです。

そこでおすすめは、**缶詰はできるだけ無塩タイプを選ぶ**こと。また、原材料名に「野菜エキス」などと書かれているものは、ネギや玉ネギが入っている可能性が高いので避けましょう。

自分で調理する際に味付けし、塩分過多を防ぐようにしましょう。

また、缶詰以外にも、長期保存の技術はいろいろあります。

おなじみのレトルトパウチもそうですし、フリーズドライなどもそうです。

ひと昔前は味気なかったフリーズドライの食品も、最近は美味しいものが増えてきています。

減塩タイプだけでなく、化学調味料不使用のものもありますから、いろいろな選択肢の中から身体によいもの、かつ美味しいものを選んでいきましょう。

特に災害時は、生鮮品の野菜が手に入りにくいことが予想されます。フリーズドライの野菜を選んでおけば添加物の心配も少なく、無塩と野菜不足の両方を解消できるので便利です。

こうした技術は、まだまだこれからも進歩していくことでしょう。

アンテナを立てつつ柔軟にとりいれ、人もねこもすこやかに、防災準備を進めていきたいですね。

貴重なたんぱく質が手軽にとれる、ある食品とは？

ここで、おすすめのたんぱく質食品をご紹介したいと思います。

それは、「プロテインパウダー」です。

「なるほど」と思った人もいるでしょうし、「え？」と疑問に感じた人もいるかもしれませんね。

実はプロテインパウダーは、優秀なたんぱく質源であり、ビタミンなどもとれるバランス栄養食であり、かつ長期間保存できる便利な食品なのです。

他の食品、たとえば肉や魚と比べても、安価かつ効率良くたんぱく質をとることができます。

それもそのはず、プロテインとはそもそもたんぱく質の英語読みであり、意味はまったく同じ。他の食品に比べてたんぱく質の含有量が格段に多いのは当然なのですね。

たんぱく質が消化吸収されやすいよう、ビタミンも配合されています。

特にビタミンＢ６は、たんぱく質を代謝するのに欠かせません。プロテインパウダーは、そうしたことも考えてつくられています。

いろいろな食材を思うように摂れない非常時には、これはとても助かります。

さらにプロテインパウダーは、未開封であれば約2年、開封しても約3カ月は持つものが多いです。

これだけ保存がきくのであれば、避難生活が多少長引いても十分に使いきることができるでしょう。

もちろん、これだけ便利なプロテインですから、非常時だけに限る必要はありませんね。パウダーを溶かすだけですから、手軽にサッと用意できるメリットは嬉しいもの。

また炭水化物に取り囲まれているのは非常食だけでなく、日常生活でも同じです。栄養バランスを取り戻すための補助食品としても重宝することでしょう。

ちなみに、実は私もプロテイン初心者です。1年くらい前に初めてプロテインを飲む生活をはじめました。

それまでのイメージは、「絶対に飲みにくい、美味しくなさそう」というもの。そんな先入観を持ってのスタートでした。

でも飲んでみたら、けっこう美味しい。

特に、プロテインをアーモンドミルクに溶かし、よくシェイクしたものがお気に入り。先入観があっただけに、美味しく飲もうといろいろアレンジして試したのもよかったと思います。

何よりお手軽で、ちょっと食欲がないときでもパッと作れて、サッと飲めますし、たんぱく質がしっかりとれているという安心感もありましたので、試す価値はありますよ。

もしあなたが最初に「え？」と思ったほうの人なら、これを機にプロテインパウダーを見直してみてはいかがでしょうか。

味もできるだけ妥協しない

非常時は大変なときなのだから、味などにこだわっている場合ではない。だから普段の食事とかけ離れていても、味が好みでなくてもしかたない…

そんなイメージ、ないでしょうか？

もちろん最も避けなければいけないのは、栄養が不足して身体にダメージが出てしまうことです。そんなときはより好みしている場合ではないのも確かでしょう。

でも、準備しておけば、そもそもそのような事態に陥る可能性は低いもの。

そしてさらに大事なことは、食事は身体のためだけのものではない、ということです。大きな楽しみであり、ストレス解消でもあり、コミュニケーションの潤滑油でもあるのが食事というものです。いかに栄養だけがあっても、毎回味気ないものであれば、心のほうが先にすさんでいってしまいます。

不安の多い避難生活では、そうした事態もまた、避けなければいけないのですね。

ですので在宅ひにゃんでは、たとえ非常食であっても**「できるだけ味も妥協しない」**ことをおすすめしています。

普段の食事でも食べたいと思うような、長期保存の非常食を選ぶ。いつも美味しく食べている、日常食品をできるだけ避難時もいただく。

それが私たちの健康と心の余裕となり、ねこの安全安心にもつながってくるでしょう。

味にこだわれば、ローリングストックもはかどります。

美味しいからこそ、日頃から日常生活に取り入れることができます。そして日常生活に取り入れるからこそ、充実した備えが無理なく自然にできます。

もし嫌いな味であれば、その逆のことが起こります。防災準備そのものに支障をきたしてしまうことでしょう。

なお、日本には先人の知恵のつまった食材がたくさんあり、普段から常温で保存でき、身体に優しい食材も多いものです。

乾物などは添加物が加えられていないものがほとんどですし、干して栄養価が高くなっているものもありますから、これを使わない手はありませんね。

そういう視点で見直してみると、日々の生活のなかでも「実はあれも使える、これも使える」と、意外な発見も多いです。

ちなみにわが家では、真空パックの鶏胸肉を一括購入して、冷凍庫に入れてローリングストックしています。

真空パックは鮮度を保つだけでなく旨味も閉じこめてくれますから、味も気に入っていますし、日頃の買い物の手間も減りますから助かっています。

もちろん、停電になれば解凍されてしまいますが、いざというときには8匹もいるねこにも食べてもらえますから、ムダになる可能性は低いのです。

味にこだわって、身体も心も満足な食事をいただくこと。それが自然と、充実した準備にもつながります。

それがしやすいのも、在宅避難ならではのメリットなのですね。

準備を楽しむ定期イベント

ここまで、避難生活の質を左右する食事についてお伝えしてきました。

こうした準備を実際に日々の生活に取り込むには、**楽しいイベントにしてしまう**のが一番です。

実際に日々の生活で非常食を食べたり、いつものメニューをカセットガスコンロなどで作ってみましょう。

たとえば、非常食の試食会。

選ぶ段階からけっこう楽しいものです。

年々、非常食の種類は豊富になっています。百貨店のイベントなどでも取り上げられたり、ネットで特集が組まれたり、注目度はどんどん大きくなっています。

そんな中から、気になったものをお試し購入し、試食してみましょう。

美味しいお気に入りが見つかれば、非常食はストレスではなくなり、むしろ楽しみになってきます。

逆に、あまり美味しくなくても、それもイベントの一つと割り切って楽しめます。

家族や友人と試し、その後継続して買い足すかどうか、意見交換するのも良いですね。そうやって口に合うかどうかを確かめるのもまた、楽しいものです。

カセットコンロだけで作る夕食も、楽しいイベントです。

なにも手の込んだ料理を作る必要はありません。

極端な話、塩をかけるだけのほうが、素材の味を引き出せることも多々あるでしょう。安心安全な食材は、余計な味付けをしなくても美味しいもの。シンプルな料理の良さを再発見することも多いでしょう。

それは添加物にまみれた加工食品を避け、薄味に慣れて減塩できることにもつながります。

在宅の避難準備をすることが、健康的な食生活を後押ししてくれるのですね。

メニューに迷うのであれば、それを探すのもまたイベントです。

停電していても、ガスが代替のものでも無理なくつくれるレシピを、本や雑誌、Ｗｅｂなどでチェックしてみましょう。

それを家族で持ち寄って、会議をするのもよいですね。

なおこうした食事の際は、以前の章でお伝えした節水のテクニック、「食器＋ラップ」などを実際に試してみるのも一案です。

ゴミも最小限にとどめるように工夫してみましょう。ゴミの回収が滞ったとしてもなんとかなる、という安心感につながってくるでしょう。

日常生活で、避難準備を楽しむイベント。軽い気持ちで試してみてください。

嗜好品も忘れずに

ねこの食事編でもお伝えしましたが、避難という大変なときだからこそ、心の余裕を持ちたいものです。

イライラしたり不安になったときに、「ホッ」とひと息つける。そんな嗜好品があると、避難生活を乗り切る助けになるでしょう。

ねこの場合、それはいつもの大好きなごはんやおやつですが、人間の場合は、もうちょっとバリエーションに富んでいるかもしれません。

甘いものかもしれませんし、しょっぱいものかもしれません。いつも食べているものかもしれませんし、逆に普段はめったに食べられないものかもしれません。

それが何かは人それぞれですが、元気がでてくる嗜好品を、ぜひ用意しておきましょう。

なお、甘いものを食べると元気になるという人は多いですが、それは血糖値が急激に上がるだけで、一時的なものであることも少なくありません。

その後、血糖値が急降下してしまうことで倦怠感をおぼえるなど、逆に元気がなくなってしまうことも考えられます。

避難生活はある程度の長丁場になることも想定しておきたいもの。

そういう意味で、砂糖を多く含む加工食品などを大量に用意することは、あまりおすすめできません。

もちろんそれは非常時だけでなく、日常生活でも同じことですね。

普段の生活から、そういう食品に頼らないですむよう、この機に嗜好品を見直してみるのもおすすめです。

そうした好影響が期待できるのもまた、防災と日常が溶け込んだ、在宅ひにゃんの利点なのですから。

第7章

備えておきたい
薬や衛生品

非常時には、簡単に病院を受診することはできなくなります。

人間もそうですが、ねこはそれ以上です。

これが人間であれば、医師の方が避難所に往診にきてくれることもあるでしょう。

しかしねことなると、そういった期待はあまりできません。非常時になればなるほど人間が優先されがちだからです。

つまり**あなたのねこが頼れるのは、基本的にあなただけ**ということです。

そこであなた自身が、普段からねこのために準備しておくことが重要になってきます。

ねこも歳を取れば様々な病気を発症する確率も高くなりますし、十人十色ならぬ十猫十色、体格、性格、本当に個性は色々です。


それらの個性をふまえて、あなたのねこが在宅避難中も健康を保てるように。

病院の受診ができるようになるまで、落ち着いて寄り添ってあげることができるように。

その準備に漏れがないか、ぜひチェックしていきましょう。

【薬・衛生品その1】ねこの準備

ねこの常備薬

何度もお伝えしていますが、ねこは環境の変化に敏感です。健康に問題がなくとも、その影響で嘔吐をしたり、下痢をしたりすることがあります。

そして嘔吐や下痢が続いてしまうと、脱水症を起こしてしまう可能性だってあるのです。

そうならないためにも、準備しておきたいのが、**ねこ用の吐き気止めや下痢止め**。

ねこの体質や以前かかった病気との兼ね合いもあるため、購入の際は獣医さんに相談の上、処方してもらうことが望ましいです。

ちなみにわが家では、下痢をするねこはあまりいませんが嘔吐は割と多いので、吐き気止めを少し多めに準備しています。

また、高齢ねこの疾患で多いのが腎臓病。
腎臓病は症状がなかなか現れませんので、気づかない間に進行してしまっていることもあります。特に高齢のねこの場合は注意が必要です。
薬ももちろん多めに備蓄しておきたいですが、他にも用意したいのは脱水を防ぐための輸液。もし自宅で輸液をしている場合は、輸液セットも多めに確保しておきましょう。

通院しながら輸液を受けているのであれば、非常時に自宅でケアができるように準備しておくのもおすすめです。

自宅での輸液と聞くと、ちょっとハードルが高いと感じる人もいると思います。

実は私も最初はそうでした。でも頻度が多くなってきたので、ねこの通院ストレスを考え、覚悟を決めて自宅輸液開始。

やってしまえば、意外と簡単にできるものだと思いました。実際、自宅輸液をしているねこ仲間もたくさんいます。

自宅で輸液ができれば、ねこの通院ストレスを減らしてあげることにもつながります。これは非常時に限らず、日常でもねこにとって喜ばしいことですね。

どんなねこでも、病院よりお家が安心。あなたの大切なねこのため、ひと肌脱いであげましょう。

近年はねこの通院のストレスに配慮して、自宅輸液をすすめている動物病院も増えています。まずは獣医さんに相談してみてください。

消毒用品は、やっぱりアルコール不使用のものを

ねこのかぜや病気も、まずは予防から。

そして予防に欠かせないのが、ウイルスや細菌から守ってくれる除菌・消毒用品です。

一般的にねこ風邪と言われるヘルペスウイルスやカリシウイルスは、一度感染すると症状がおさまっても、潜在的に体内に残っています。

だから1匹でもくしゃみ等で唾液が飛んでしまうと、他のねこにも感染してしまう可能性があるのですね。

そうならないためにも、ねこのくしゃみの飛沫などは、しっかりと掃除して除菌してお

きたいものです。

また、一度治ったと思っても、ストレスで弱っていたり、栄養が思うように摂れていないと体力が落ち、再び症状が現れることもあります。

特に災害時にはストレスがつきものですから、免疫力が落ちて風邪などがぶり返してしまうリスクも高いと言えるでしょう。

多頭生活をしている場合は、特に注意が必要です。わが家では1匹のねこの風邪が8匹全員に蔓延してしまった苦い経験があるので、こまめな除菌・消毒を心がけています。

また前にもお伝えしましたが、除菌・消毒用品の選び方で気をつけたいのはその**成分**です。

ねこの体はアルコールを分解できません。いわば毒が体の中に入ったのと同じになってしまうのです。元気がなくなったり、下痢や嘔吐をしてしまうこともあり、ねこの体力を奪うことになってしまうでしょう。

成分にアルコールやエタノールが含まれるものは極力買わないようにしつつ、もし使う場合でも、決してねこがいる前では使わないようにしましょう。

なお除菌・消毒用品は風邪予防だけでなく、ねこトイレの消臭やゴミに噴霧することもできます。ウイルスや細菌を消毒してくれるだけでなく、カビの増殖を抑えたり、消臭効果もあります。

なかなかゴミが出せないときの「におい問題」も軽減してくれますので、在宅避難中にはなにかと重宝するでしょう。

ちなみにわが家では、**次亜塩素酸**のものを中心に、除菌ウェットティッシュ、スプレーボトルをそれぞれ複数用意しています。

拭き掃除や室内にスプレーするのは次亜塩素酸です。

手指の除菌に使うウェットティッシュタイプは、玄関や各部屋に用意することで、気軽にサッと使えるように。

キッチン周りや食器などには、ねこが触れないようにしつつ、食品にも使えるアルコール製剤を使うなど、用途に合わせて選択しています。

これらが減ったら詰め替え用の袋から補充し、ローリングストックしています。

もちろん、こうした除菌・消毒は、災害時に限ったことではありませんよね。

新型コロナウイルス感染症により、すでに日常生活の一部になっているとも言えます。

その分、在庫が減るのも早いでしょうから、多めに備蓄しつつ、ローリングストックでこまめに補充していきましょう。

避難時は、ねこの体調と動物病院をこまめにチェック

いざ在宅避難が始まってしまったら、不安から、防災情報で頭がいっぱいになってしまうことも予想されます。

ですので意識的に、**ねこの体調をチェックする**ことを心がけていきましょう。

たとえば、いつも食欲旺盛のはずが1匹だけご飯の食べが悪いとか、トイレの回数が少ない、など。あるいはオシッコの量や色、ウンチの状態なども要チェックです。

いつもの状態と比較するためにも、日頃からのチェックもしておきたいもの。

多頭生活をしている場合は、他のねこと比べることもできますから、こまめに様子をチ

エックしておきましょう。

もし気になる変化があったときは動物病院に連れていきたいのですが、非常時にはいつもの病院に行けるとは限りません。

そんなときにも慌てなくて済むように、**かかりつけ以外にも近隣の動物病院を調べておく**のも良い考えです。

かかりつけ以外の病院に行くことも想定した場合、準備しておきたいのは**各ねこそれぞれの病歴や体調不良の状態のメモ**です。

受診の際にスムーズですし、獣医さんにもわかりやすく伝わります。もし投薬中なら、薬の名前を書いておきましょう。持病の薬がなくなり、ねこの命に関わっては大変です。でも薬の名前がわかっていれば、対応してもらうことができます。

ちょっとしたひと手間で、ねこの健康と安心が増す準備。おすすめです。

【薬・衛生品その2】人間の準備

ここまで、ねこの薬や衛生の準備について見てきました。

ただ、その準備を適切に行動に移すのは私たち人間です。**ねこのためにも、私たちが体調を崩さないことが大切**ですね。

在宅ひにゃんは、ねこと人が一緒に健康であってこそ機能するもの。

そこでここからは、私たち自身が気をつけなければならないことについて、見ていきましょう。

救急箱とその中身

どのお宅にもお薬があると思います。中には救急箱としてひとまとめにしている方も多いことでしょう。

もちろん在宅避難時にも、救急箱は大切になってきます。

ちょっとお腹の調子が悪いとき、頭痛がするとき。あるいはねこが下痢してしまったとき、などなど。大変なときだからこそ、体調を戻して乗り切りたいですよね。

日常生活に溶け込んだ**救急箱は、在宅避難の準備そのもの**です。

ただ、薬は救急箱に入っているものの、その中身の確認は案外忘れがちなものです。期限切れのものがあるかもしれませんし、使ってしまって在庫がないものもあるかもしれません。

そこで、普段あまり明けない救急箱をチェックするのも、大切な準備となります。

ちなみに私も、救急箱をチェックするたびに期限切れを見つけます。

そこで、**救急箱のチェックは定期的に習慣化する**ようにしています。

たとえば、スマートフォンのカレンダーに、年に1度の点検日を入れておくなど。その際、家族の状況に合わせて常備薬を見直すようにしています。

ちなみにわが家の中身は、かぜ薬、胃腸薬、消毒液、絆創膏《ばんそうこう》など。自分はもちろん、家族それぞれの体質をふまえて準備し、ローリングストックしています。

なおかぜ薬には熱を下げるもの、鼻水を和らげるもの、咳を止めるものなど、いろいろな種類があります。これらを全て揃えるのは大変ですから、いろいろな成分が1錠に配合されている総合感冒薬を選んでおくのも一案。

いろいろな症状に対応できて、在庫の管理も楽になります。

持病がある場合は、かかりつけ医に相談して、薬を少し多めに処方してもらうのもよいですね。

もし交通の遮断や外出制限などの事態になり、薬を取りに行くこともままならなくなっても、安心感が増すでしょう。いざというときのために、多めに備蓄しておくことも検討してみてください。

なお**人間の消毒液は、たとえノンアルコールタイプのものでも、ねこには使わない**ようにしましょう。

ヨード系のものは、ねこに使うと中毒症状を起こすことがあると言われています。また、オキシドールなどは刺激が強いため、暴れてしまうこともあり、避けたほうが無難です。

もしねこの傷などを消毒したい場合は、天然の抗菌成分である**コロイダルシルバー**を使うと安心です。

やや割高にはなってしまいますが、ねこに優しいのはもちろん、あなたや家族の身体にも優しいので、ぜひ選択肢に加えてみてください。

色々役立つ、マスクは多めに

災害は、いつ起こるかわかりません。

マスクが必要になることも多いので、やはり準備しておきましょう。

災害後に近所で建物の倒壊があったりすると、その片づけや掃除でほこりが舞います。

また、風邪やインフルエンザ、花粉症の時期なら使う枚数が急に増えます。

そんなときも、手元に備蓄があれば買いに行く手間もありません。

マスクの選び方ですが、性能と価格のバランスを考えると、不織布のタイプが無難な選択肢です。

布製は洗ってくり返し使える利点があるものの、性能にやや不安が残りますし、まめに洗わないと逆に危険という点が気になります。災害時水が思うように使えない可能性を考えれば、再利用できない場合のデメリットは見過ごせないでしょう。

ポリウレタンのタイプはデザイン的にもスマート。しかし飛沫の吐き出しと吸い込み両方の点からみて、性能が劣るものが多いことからおすすめできません。

不織布のタイプは一定の性能があり、価格も手ごろで使い捨てもでき、清潔が維持しやすいことから、弱点が少ないのでおすすめです。

避難時も手洗い、ハンドソープ

ウイルスはいつのまにか指先などに付き、鼻や口から入ってきます。

だから新型コロナウイルスにも、インフルエンザにも有効なのが手洗いです。避難時でも、いえ避難時だからこそ、感染を防ぐために手洗いの習慣を徹底したいものです。

水道が止まっていなければ、ハンドソープなどで手洗いできます。

ただ、このハンドソープ類はトイレットペーパーなどと同じで、何かがあると一時的に買うのが困難になりがちです。

必要な時に必要なものがないと、不安が広がってしまうもの。店頭に商品が充実しているうちに多めに購入して、ローリングストックしておくと安心です。

もし水道が使えなければ、除菌ウェットティッシュで手指を拭き、清潔を保つことになります。

ここでもねこのことを考えて、ノンアルコールのものがベストでしょう。

頻繁に使うものだからこそ、気を使わなくても大丈夫なものを選んでおくと、心理的な負担も減らせますし、不測の事態を避けることもできます。

感染対策とねこの健康、両立していきましょう。

第8章

備えて安心、
長期の避難生活

ここまでの章では、ねこと一緒に災害を乗り切る準備について、一通りお伝えしてきました。

これらの準備があれば水道・電気・ガスが一時的に止まっても乗り切ることができますし、心身の健康も維持できるでしょう。

とはいえ、災害のダメージから復旧してインフラや食料事情が整うまで、安心はできません。

在宅避難は短期間で終わるとは限りませんし、避難期間が長くなれば新たな問題や悩みも生まれてきます。

備蓄が底をつくかもしれませんし、短期間であればガマンできることでも、長期的には難しいことだってあります。

そこでこの章では、より**持続可能な在宅避難**についてお伝えします。

困難な事態への備えがあれば、さらに気持ちが楽になれることでしょう。

ねこのため、ご近所さんとも コミュニケーションを

地域のつながりが希薄になったと言われる昨今。

特に都市部では、その傾向が強いように思います。集合住宅では、隣に住む人と話したことがなかったり、顔も知らないことも珍しくないようです。

とはいえ、ねこと暮らし、ねこの健康と安全に責任をもつ私たちとしては、そこはちょっと考えたいところ。

というのも、**ご近所とのお付き合いは、お互いのためになるだけでなく、ねこにとっても大切**だからです。

たとえば、ちょっとねこのことで心配事ができたとき。

ねこ仲間に相談すれば悩みは軽くなりますし、よいアドバイスをもらえることだってあ

るでしょう。

逆に、ねこのことでよいことがあったら共有したいもの。喜びがさらに増すことと思います。

また、大きな荷物の運搬や買い出しといった日々のこと。

給水所は遠く、水は重いものですが、助けあうことで一緒に非常時を乗り越えやすくなります。

こうした協力関係は、避難が長引けば長引くほど、大切になってきます。

普段から挨拶程度でもご近所さんと顔見知りになっていれば、こうした協力もしやすいですよね。

いざというときのため、ねこのため、今よりちょっとだけ、ご近所さんとのコミュニケーションを増やすこと。考えてみてくださいね。

ねこ仲間と助け合う

もし、あなたが住んでいる住居やエリアが大きな被害を受けてしまったときには、ねこ仲間のネットワークが大きな助けになります。

くり返しお伝えしてきたように、避難所ではペットと一緒に暮らせない可能性が高いですし、仮にできたとしても、ねこへの配慮などはほぼ期待できません。

ただでさえストレスの多い避難所生活が、ねこへの心配が加わることで、さらに厳しいものになってしまうことも考えられます。

そんなとき、信頼できるねこ仲間の大切が、大きな助けになります。

たとえば、もし仲間の地域が安全なら、ねこだけでも一時預かりをお願いすることができるかもしれません。

一時的に別れて暮らす寂しさはありますが、ねこの安全を確保できることは、もちろんねこのためにはとてもよいこと。大きな不安が１つ減ることで、あなたの精神衛生上も好ましいでしょう。


もちろん、あなたが助ける立場になることもありえます。

もしねこ仲間の家が半壊してしまうなどの被害があれば、ねこも、場合によっては人間ごと、あなたの家で一緒に在宅ひにゃんをしてもらうことだってできるかもしれません。

困ったときはお互いに助け合えるというのは、素晴らしいですよね。


そのためにも、在宅ひにゃんの準備を、事前にしっかりと行っておきましょう。

準備が万端なら、躊躇することなくねこ仲間、そしてねこを助けることができます。

在宅ひにゃんは、あなたとねこ、そして家族を守るだけでなく、地域のねこ仲間をも一緒に守ることにつながるもの。

ねこ仲間の輪をつなげて、どんな災害が来ても、ねこ達の幸せを守っていきましょう。

ゴミ問題はコンパクトに解決しよう

ねことの暮らしでは、ゴミがたくさん出ます。ねこのトイレの砂やペットシーツなど、普通の暮らしよりもより多くのゴミが出るのは確実でしょう。

にもかかわらず、災害時はゴミの収集がストップしてしまう可能性が大いにあるのです。

想像してみてください。普段なら週に数回くるゴミの収集車が来なくなり、大量のゴミが家の内外に。それが段々と積み重なり、徐々に増えていくとしたら…

見た目にも、におい的にも、厳しいものがありますね。

それは、きれい好きなねこにとっても同じです。

ではどうするか？ということですが、ポイントは「コンパクトさ」。

量が少なければ、見た目の不快を最小限に抑えることができます。

そこでゴミを袋に入れる際は、ギュウギュウ押して詰め、できるだけコンパクトにしましょう。もし穴が空いてしまいそうであれば、袋を2重にしてでもギュウギュウ押します。その袋をさらに、においが出にくい防臭加工のゴミ袋に入れてまとめます。つまり袋を2重、3重と重ねていくのですね。口はキツく縛りましょう。結び目は2つあってもよいでしょう。

こうすれば圧縮されてコンパクトになり、あふれるゴミを減らすことができます。また、ねこの異物誤食を防ぐためにもごみの処理はしっかり、がお約束です。もちろん、日々の暮らしでもねこ関係のゴミはたくさん出ますから、日常と非常時を区別する必要はありませんね。

実際に活用して、生活をちょっとだけ快適にしていきましょう。

ねこのトイレゴミは、においを断つことから

ねことの暮らしをしていると、ねこトイレのゴミがどんどん出ることはご存知の通り。災害時も同様です。さらに、ねこは環境の変化を敏感に察知しますから、時に体調を崩し嘔

吐する回数が増えることも考えられます。

こんなときに役立つのが、古新聞。においが気になるゴミや生ゴミは、防臭加工のゴミ袋に入れ、その後新聞で包むと、さらににおいを防ぐ効果が得られます。

最近は新聞の定期購読をしていないご家庭も多いかもしれませんが、時々新聞を買うことがあれば、読み終わっても捨てずに、非常時のゴミ対策用にとっておきたいですね。

ちなみに、ねこのトイレの砂が不足したときに古新聞を細かく裂いて使えば、トイレの砂の代用品にもなります。一時しのぎではありますが、避難生活が長期化した場合には、知っておくとちょっと安心です。

また、普段の生活でも、夏の暑い時期や年末年始などのゴミの回収がないときなどにも、古新聞は役立ってくれます。

わが家でも、においが気になりそうなゴミは新聞紙に包んで処理。においが格段に抑えられていることが実感できています。

なお、包んだ新聞紙は、防臭機能の優れたゴミ袋に入れましょう。においをカットし、大きな味方になってくれます。少々値段が高めでも、しっかりと機能を確認して選んでいきましょう。

「見た目が可愛い」も立派な機能

余裕がなくなる災害時は、**「見た目が可愛い」**ことも大事な機能の一つです。

心が沈んだときでも、「見た目が可愛い、おしゃれ、素敵」、そんな要素のあるグッズは、ホッとする時間を作ってくれます。

このようなちょっとした癒しが、長い避難生活ではジワジワ効いてきます。

最近は防災用品でも女性向きのものが増え、選択の幅が広がって目移りするほどです。

たとえば最近流行りのアウトドア・キャンプ用品。

明かり一つとっても、おしゃれなランタンなどがたくさん売られています。夜間照明や常夜灯として、玄関や寝室に置いて使うのもよいですね。

これはあくまで一例ですが、お気に入りであれば、日々のインテリアとしても満足感がありますね。
日常に溶け込ませていれば、使う頻度も自然と増えるでしょうから、いざというときに慌てず、落ち着いて行動することにもつながってくるでしょう。

ちなみにわが家でも、日常使いもできるキャンプ用品が少しずつ増え続けています。気に入ったものしか買わないので、増えるペースはゆっくりですが、厳選されているだけに、インテリアとしても満足感があり、日々ちょっとずつ嬉しい気持ちになります。

逆にいえば、カタログスペックや価格ばかりを重視してしまうと、愛着もあまり湧かず、使わなくなったり、しまい込んでしまうことも。

いざというときに使い方がわからなかったり、すぐ取り出せないのでは、防災グッズとしては本末転倒ですね。

在宅にひゃんでは、見た目も大事な機能の一つ。

ぜひお気に入りを見つけて、日頃から楽しんでいきましょう。

災害時は自転車が最強の乗り物

給水を受けたり、避難所で物資を受け取ったり運んだり。災害時は意外と外出の機会があるものです。

長い避難生活では、徒歩だけでは辛い場面も出てくるでしょう。

しかし災害が起きると、移動手段はさまざまな制約を受けてしまいます。

たとえば、電車は地震でも停電でも止まってしまいます。

ガソリンスタンドには長蛇の列ができ、長い時間並んでも、買えるかどうかもわかりません。

道路が悪路となってしまえば、車はもちろん、オートバイでも移動は難しくなります。そうでなくとも道路は渋滞しがちで、車による移動は困難が予想されます。

こうした災害時の悪影響をあまり受けない、頼もしい乗り物が「**自転車**」です。

そもそも人力で動きますから、ガソリンは不要です。電動アシスト自転車でなければ、電気も使いません。

悪路があれば、降りて押したり、持ち上げて通ることもできます。折りたたみタイプの自転車であれば小さくたためますし、もともと軽く作られているので、かなりの距離を持ち運ぶこともできるでしょう。

また自転車のライトは、取り外せばそのまま懐中電灯になります。中にはライトのバッテリーで、スマートフォンなどを充電できるものもあります。

このように、災害時には「最強の乗り物」といえるのが、自転車なのですね。

もちろん、自転車は普段の生活でも役立ちます。

買い物に行くにも便利ですし、子どもの送り迎えにも向いています。

健康への好影響もあります。

有酸素運動ですから、脂肪を燃焼してくれますので、ダイエットになります。

血糖値を下げてくれる効果もあるため、糖尿病の予防にもなるでしょう。

血流が良くなることで、脳への好影響もあることがわかっています。ストレス解消にもなり、精神面でもメリットがあります。

ちなみにわが家では、夫婦でそれぞれ1台ずつ、折りたたみ自転車を所有しています。

もともとは防災用というより、ただ好きで乗っているだけでした。

ちょっと遠くのスーパーでも気軽に買い出しに行けますし、休日には電車に乗せて輪行し、ツーリングなどをすることもあります。

日頃からいろいろ役立つ上に、非常時への備えにもなる自転車。

もっと生活の中に、取り入れてみてはいかがでしょうか？

防災グッズとしておすすめの日用品

エプロン・割烹着

「見た目も機能」というお話をしました。

それとちょっと関係するのですが、私はエプロンや割烹着が大好きです。

それには理由があって、以前にホームウェアをつくる仕事をしていた関係で、その便利さをよくわかっているからです。

ですので、趣味と実益の両面から、避難時におすすめしたいのが「エプロンや割烹着」です。

防災グッズとしてエプロンが優れている理由は、まず衣類の汚れ防止になること。

さっと一枚着けるだけで、下の服を汚さずに済みますから、洗濯の回数を減らすことができます。当然、それは節水にもつながります。

もし洗濯することになっても、エプロンや割烹着を洗濯する方が洋服を洗濯するよりはるかに楽で簡単です。使う水も少なくて済み、ここでも節水できます。

またエプロンや割烹着は、寒い時期は防寒着にもなります。

たとえ薄手のエプロンでも、1枚着けるだけで暖かさが違います。

サイズもオーバーサイズで作られている事が多いので、重ね着している上からも、無理なくつけることができます。

もちろん、こうしたメリットは避難時だけでなく、普段の日常生活でもそのまま得られるもの。


たかがエプロン、されどエプロン。

エプロンに親しむ日常生活、この機会に試してみてください。

レジャーシート

レジャーシートは、複数持っておくことをすすめします。

というのも、幅広い用途に便利に使えて、ムダになることも少ないからです。地面に敷いたり、上からかけたり、用途は色々。一時的に野外避難するときなどには、荷物の汚れ防止に使えますし、雨が降ったときなどは、雨除けにもなります。

ねこのキャリーケースも地面に直接置かずに済みますから、ノミやダニの対策にもなるでしょう。車などにねこを乗せるときにも、車内に敷いておけば万が一の粗相などにも対応できます。

これだけ応用範囲が広いのに、折りたたむと薄く、場所もとりません。１００円ショップやホームセンターで簡単に入手できますから、複数枚用意しておくと良いでしょう。

サイズや素材、色や柄も豊富なので、こだわってお気に入りを探すのもおすすめです。キャンプ用の中には、室内でも屋外でも多用途に使えて、デザインや手触りも良いものもあり、伝統的な海外製のものもあり、目移りするほど。

もちろん普段の生活でも使えますから、あなたのライフスタイルにあったものを探してみてください。

軍手やゴム手袋

ケガ防止と衛生面を考えて、**軍手やゴム手袋**もあらかじめ用意しておきましょう。

災害時は素手で触らないほうがよいものも増えますし、節水という意味でも、軍手やゴム手袋をすることで手洗いを最小限にすることができます。

また、ねこをキャリーケースに入れるときや、万が一逃げてしまった場合に捕まえる際など、念のため手を保護できることは安心感につながります。

多くて困ることはないので、家族の人数分より多めにあるとよいでしょう。

それでも逃げなきゃいけなくなったら…!?

在宅ひにゃんについて、多くのことをお伝えしてきました。

ここまでお読みいただいたあなたには、**「ねこと一緒に非常時も乗り越えていける」**という前向きな気持ちも生まれてきていることと思います。

不確定な要素が多い避難所生活に比べて、在宅での避難は確実に、あなたとねこに安心感を与えてくれるでしょう。

しかしだからこそ、この本では、

「どうしても在宅での避難ができないとき」

についてもお伝えしておかなければいけません。

第1章でも書きましたが、災害に「絶対」はありません。それは予想もしないときに起こり、状況は刻一刻と変わっていきます。

家屋の安全が確認されているうちは在宅避難がベストですが、その安全が担保されなくなったら、そうではなくなることもありえます。

「いざとなったら、逃げることもできる」。

その選択肢があるからこそ、安心してとどまることができるのです。

大切なのは、在宅避難という方法にこだわることではなく、より安全な選択肢を選ぶという考え方そのもの。

あなたとねこの安全のためにできるだけ情報を取り入れ、よりよい方法を柔軟に選ぶことなのです。

逆説的ですが、在宅ひにゃんを手放すべきときを知ることは、在宅ひにゃんの安心感をさらに高めてくれるでしょう。

情報収集の基本、ハザードマップの見方

情報を取り入れるにあたり、あなたが住む場所の地形を知ることは最初のステップになります。

なぜなら自然災害の多くが、地形と密接に結びついているからです。地震、浸水、洪水、土砂災害、津波、雪崩、山火事、火山の噴火…などなど。

だから自分の住んでいる環境や地域性を知っておくことは、今後どう行動するかを決める上でとても役立ちます。

とはいえ、いきなり専門的なことまで理解するのは難しいですから、まずは**ハザードマップ**を見るところから入りましょう。

ハザードマップとは、自然災害による危険を地図でわかりやすく教えてくれるものです。被害の種類やその範囲、防災関連施設などの情報が、目で見てわかるようになっています。

いろいろ別名もあり、防災マップや被害想定図などの呼び方になっていることもありますが、目的はほぼ同じと考えてよいでしょう。

ハザードマップをあらかじめ見ておくことで、どういった災害があなたの地域に起こりうるのかがわかります。

いざ災害が起こってしまったときには、危険な場所を避けることができたり、最寄りの給水所に効率良く動けるなど、重要な情報を得ることもできます。

もし在宅での避難が続けられなくなった場合は、どこに避難すればよいか、その場所や経路についても、情報を得ることができるのです。

あなたの地域のハザードマップを見つける方法は、検索エンジンで「地域名＋ハザードマップ」などで検索すれば出てきます。

また便利なポータルサイトもありますので、チェックしてみるのも良いでしょう。

「ハザードマップポータルサイト」https://disaportal.gsi.go.jp/

ただ、このハザードマップ、普段の生活ではなかなか意識しにくいのも事実です。

自分にはあまり関係ないと思いがちで、関心がなかなか湧かない人も多いようです。

ちなみに、私も最初は、あまり関心がありませんでした。

でも東日本大震災後に、自分が住んでいる場所が気になり、ちょっとした好奇心から検索してみたのです。

調べてみてびっくり。当時住んでいたマンション一帯は、近くを流れる川が氾濫したとき、真っ先に床上浸水が起こるエリアでした。

それまで全く意識してこなかっただけに、本当に驚きました。

当時はねこ4匹と暮らしていましたから、もし浸水して、慌てるねこ達をそれぞれキャリーに入れて運び出す苦労を想像したら、「これはマズイ」と思いました。

頭の中では「危険、避難」の文字がぐるぐると回りだし、その時はじめて、ねこと暮らしていく上での不安や危険材料を少しでも減らしておきたい！と強く思いました。

そうした経験がなければ、その後の引っ越しの際にもハザードマップをチェックし、安全な地域に住むということもなかったでしょう。

もちろん防災の情報やグッズに関心が出てくることもなく、ねこ中心の暮らしの中でそれらをどう使うか、といった工夫もしなかったと思います。

人間は、何かを欲しいと思うことよりも、「危険を避けたい」という気持ちのほうが倍以上も強く働くそうです。

だから危険について知ることは、防災意識を高める上でとても効果的。

ぜひハザードマップをチェックして、将来のあなたとねこの安全を、より確かなものにしてくださいね。

ねこの移動手段はどうする？

家を離れる可能性があるなら、ねこと一緒に移動するための方法を考えておく必要も出てきます。

普段だと、ねこを移動するときは専用のバッグやキャリーケースを使うことが多いですが、避難での移動の際は必ずしもうまくいくとは限りません。

というのも非常時の避難では、車での移動が制限される可能性があること。そして徒歩の場合は、他にも多くの荷物を持っていることも多いからです。

加えて、ねこの体重は手荷物としては重いので、長距離の移動には不向きですし、災害の後では隆起や倒壊など、地面の状態が歩くのに適さないことも考えられます。

多頭生活をしているのであれば、こうした負荷が文字通り何倍にもなってしまいます。

そうした状況も見越して、どんな手段で移動するのが負担が少ないのか、そんなことも考えておきましょう。

ねこの数が少なく、荷物も比較的少ないのであれば、先にもお伝えした**自転車**は、有力な選択肢です。

キャリーケースをしっかりと固定できれば、徒歩よりは格段に楽に、移動できます。

何度も往復できるのであれば、より多くのねこや荷物にも対応できますし、在宅避難中での移動にも便利です。

自転車以外にも、**オートバイ**も候補になるでしょう。

ガソリンの確保ができ、荷物が積めるのであれば、移動が自転車よりも楽な分、長距離の移動では重宝します。

ただ、持ち上げるのが難しいため、自転車以上に道路のコンディションが大事になってくるでしょう。

路面の状況によっては進めなくなることも、踏まえておきましょう。

もしねこが何匹もいて、日々の生活で車を使っているなら、**車**も選択肢になります。

確かに災害時は車での移動は制約を受けがちですが、ねこと人と荷物、一度に移動できる車はやはり便利。

なお車は、移動以外にも役立ちます。それは、一時避難場所としての利用です。

仮に避難所での生活になった場合、プライベートの空間はほぼありません。でも自家用車の中なら、私的な空間を確保できます。

また、避難所ではほとんどの場合、ねこと一緒の場所にいることは難しいもの。でも車の中であれば、気兼ねなくねこを乗せて、一緒に過ごすことができます。

このように、車は移動以外の面でも、役立つ可能性があるのです。

ただし、狭い車内に長時間いることでエコノミークラス症候群になってしまう可能性もあります。足などの血行が悪くなり、血液の固まりができて肺に詰まってしまうのですね。

こうしたリスクも考えると、あくまで一時的な避難にとどめたほうがよいでしょう。

ちなみにわが家では現在カーシェアリングを利用しており、自家用車は所有していないのですが、この先もし車を所有するのであれば、８匹のねこが一緒に乗れる車、というのが絶対条件です。

ねこのキャリーケースについて

移動手段に関わらず、ねこの移動には**キャリーケース**が必要になります。

もしあなたと暮らすねこが１匹か２匹なら、頑丈なものを購入すれば大丈夫でしょう。


しかし悩ましいのは、もっと多くのねこと多頭生活している場合です。

大きなキャリーケースでも３匹以上の成ねこはなかなか入りませんし、仮に入っても重くて持ち上がらなかったり、置き場所に多くのスペースを必要としてしまいます。

かといって小さなものでは数が多くて持ち切れなくなるなど、その選び方は大変。

理想をいうなら、次のようなキャリーケースが欲しいところです。

・全てのねこが入る大きさ、もしくは個々は小さくとも連結できること
・下部に丈夫で大きめの車輪がついている、あるいはあとから付けられること
・狭いドアなどを無理なく出入りできる左右の幅

・家の中に置いておいてもインテリアとして違和感がないこと

こうして考えると、一緒に暮らすねこの数が増えれば増えるほど、条件を満たすのは難しくなっていくことがわかります。

ちなみにわが家では、８匹のねこがいますので、今市場にあるペットキャリーやケージでは、全てを満たすものはないように思います。

以前、海外製の大型の車輪付きキャリーケースを購入したことがあるのですが、運搬力は申し分ないものの、大きすぎてドアでつっかえてしまい、外に出られないという結果に。

そこで妥協案として、ねこ用ではなく中型犬用のキャリーケースに複数匹入れること。それを積み重ねてキャリーカートで運ぶ、といった合わせ技で対応しています。

なお、複数のキャリーケースを使う際に注意したいのは、積んだときに崩れてしまわないようにすること。

縦に安定してスタックできるケースはまだまだ少ないようなので、できるだけ安定感のあるものを選び、結束用のバンドなどでしっかり固定するようにしましょう。

また、キャリーカートについては、悪路でも移動できることが大切。その対応力はタイヤのサイズや太さによって決まりますので、それらが大きく、太めの物を選べば、仮に路面が荒れてしまっても安心感は高いでしょう。

もちろん給水所から水を運ぶときなどにも活躍するなど、災害時の使用頻度は高いので、備えておいて損はないアイテムです。

なお、うっかり見落としがちなのがキャリーケースの経年劣化。

キャリーケースはそうしょっちゅう使うものではありませんから、いざ使おうと思ったら留め具が壊れていた、ファスナーが壊れていた、ケースにヒビが入っていた、などのトラブルが起こりえます。

万が一、移動中にキャリーケースから抜け出されでもしたら大変なことですね。

そうならないためにも、年数が経過しているキャリーケースを使っている場合は点検、メンテナンスをしっかりしておきましょう。

今後防災意識がさらに高まるにつれ、よりよい商品が開発されることと思いますので、私もアンテナを立てて情報収集を続けたいと思います。

ねことはぐれてしまったときのこと

２０１９年に動物愛護法が改正され、ペットショップなどで販売されるねこへのマイクロチップ装着が義務化されました。

そうした流れもあり、

「災害時にねことはぐれてしまったときのために、わが家のねこにもマイクロチップを埋め込んだほうがいいのか？」

と悩む人も多いのではないでしょうか。

意見はいろいろあると思いますし、最終的にはあなた自身が決めることが大切だと思います。

ですので、ここではあくまで私見としてお伝えしたいと思います。

結論から言いますと、**わが家のねこ達には、今のところマイクロチップを埋め込む予定はありません。**

その理由はいくつかあります。

まず、脱走する可能性が低いわりに、ねこの体への負担があることです。

マイクロチップは約1センチ×2ミリの大きさの円筒形。ねこの体の割にはけっこうな大きさです。

それを首筋に埋め込むことになりますから、ある程度体に負担がかかることは想像に難くありません。

実際、マイクロチップを装着したことによる、健康被害の報告もあるようです。

また、わが家のねこは完全室内生活をしています。ねこはなわばりの動物ですから、家の中が最も安心できる空間です。

仮に大地震が起こって窓ガラスが割れたとしても、見知らぬなわばりの外にあえて出て行く可能性は低いでしょう。もし万一パニックになったとしても、わが家のねこはどんどん遠くに逃げていくよりも、むしろ外に出た時点で立ちすくんでしまう可能性の方が大きいです。

これらのことを考えて合わせると、マイクロチップはリスクがある割にメリットが少ないと感じています。

2つ目の理由は、仮に脱走したとしても、マイクロチップを読み込めない可能性があることです。

マイクロチップは装着した首の背面から、体の中を動いていってしまう可能性があります。いざリーダーをあてて読み取ろうとしても、埋めた部分にチップがないこともあるのです。実際、読み取れなかったため飼い主が判明しないことも多い、と聞き及びます。

加えて、マイクロチップは精密な電子機器。経年で故障する可能性もありますし、ましてや体内に埋め込むわけですから、なおさら確実とは言えないのです。

また、現時点ではすべての動物病院や保健所などに、読み取り用のリーダーがあるわけではありません。仮にチップだけが埋め込まれていても、読み取り自体ができないこともあり得ます。

最後に、そもそもねこはペットショップで買うものではなく、保護ねこを引き取るのがあるべき姿、だと考えているためです。マイクロチップ装着の義務がペットショップでの販売に限定されているのは、買ったねこを命ではなく商品だと考えている残念な人が一定数いるからです。安易に飼育放棄しないよう、抑止の効果を期待しての義務化、という面があります。

施設から引き取った保護ねこにはその義務がなく、あくまで努力目標にとどまっているのも、そうした面を裏付けているように思います。

なお、ペットとして店で売られているねこについては、その背景にある流通過程で年間約６０００匹が死亡していると言われています。その一方で、保健所などでは年間約１万２０００匹ものねこが殺処分されているのです。

ペットショップでの生体展示販売を減らし、殺処分されてしまうねこを救うことが根本的な問題解決。

そう考えると、マイクロチップは利点はあるものの、保護ねこにまで埋め込む意義は、現時点では少ないように思います。

もちろん、保護ねこを引き取っておきながら飼育放棄する人もいるなど、例外は常にあるでしょう。

そうしたことも含め、マイクロチップ装着については、賛否両論あると思いますし、あったほうがよいと思います。

だから最終的な判断は、ねこの飼い主であり親である、あなた自身が決めること。

そのための一つの意見として、ご参考になればと思います。

おわりに

この本をお手に取り、お読みいただきありがとうございました。

私たちを取り巻く環境は、年々厳しさを増しているようです。
いつ来るかわからない大地震。
異常気象も珍しくなく、年々被害が大きくなるかのような台風や土砂災害。
そしてウイルス感染症によるパンデミック。

そんな時代ですから、

「何があっても、うちのねこ達を守りたい」

という想いが強い人も多いでしょう。

この本を書くにあたっては、そんなあなたの想いに寄り添うことを意識しました。読みやすく、そして行動に移しやすいよう、内容や構成も工夫しています。


本文中でも何度か触れましたが、私も8匹のねこと暮らしています。

毎日の生活の中で、ねこが私にいつも癒しを与えてくれています。

そんな大切なねこを守りつつ、家族とできるだけ日常と変わらない生活を送るにはどうしたらよいのか、いつも考えています。

この本をお読みいただいたあなたの不安が少しでも軽く、そして気持ちが楽になってもらえれば、嬉しく思います。


最後に、私にこの本を書くチャンスを下さった自由国民社様にお礼申し上げます。

また、執筆するスペースを提供してくれた地元の大好きなカフェのオーナーさん、いつも温かく迎えてくれことに感謝です。

そしてわが家の主役でもある8匹のねこ達——

ひょう、ココたろう、きじたろう、しまじろう、きなこ、まるたろう、さんた、まめ。

感謝の気持ちでいっぱいです。

これからも多くの人がねことの暮らしを守り、そして楽しめますように。
そのための情報発信を続けていきたいと思います。

かばき みなこ

かばき みなこ　ねこ生活アドバイザー

ねこ好き家族のもと、ねこと共に育つ。一度は保護した子ねこを失った経験から「ねこと人の幸せな生活」の追求をライフワークにすることを決意。２００９年に子ねこの育て方を教えるＷｅｂサイトを立ち上げる。

現在は子ねこの育て方だけではなく、老ねこの介護も支援。自ら子ねこを保護し、里親を探して譲渡する活動も行う。商社勤務の経験が長く、生活雑貨の商品開発に携わってきたことから、ねこグッズ・ねこ雑貨の商品開発なども得意とする。

著書に『コミックエッセイ 猫が教えてくれたこと』（アスコム）がある。

ＨＰ「知識ゼロからのねことの暮し方 ねころん」https://www.nekoron.com/

Special Thanks to:

出版プロデュース
樺木 宏（プレスコンサルティング）

今日《きょう》からはじめる ねこ防災《ぼうさい》

二〇二四年（令和六年）三月二十二日　初版第一刷発行
二〇二四年（令和六年）九月十二日　初版第二刷発行

著　者　かばき みなこ
発行者　石井 悟
発行所　株式会社自由国民社
　　　　東京都豊島区高田三―一〇―一一　〒一七一―〇〇三三
　　　　電話〇三―六二三三―〇七八一（代表）

造　本　ＪＫ
印刷所　大日本印刷株式会社
製本所　新風製本株式会社